하루 한 페이지,
나를 사랑하게 되는
독서의 힘

하루 한 페이지, 나를 사랑하게 되는 독서의 힘

초판 1쇄 2021년 09월 27일

지은이 변은혜 | **펴낸이** 송영화 | **펴낸곳** 굿웰스북스 | **총괄** 임종익

등록 제 2020-000123호 | **주소** 서울시 마포구 양화로 133 서교타워 711호

전화 02) 322-7803 | **팩스** 02) 6007-1845 | **이메일** gwbooks@hanmail.net

© 변은혜, 굿웰스북스 2021, *Printed in Korea.*

ISBN 979-11-91447-61-3 03190 | **값 15,000원**

변은혜 지음

하루 한 페이지,
나를 사랑하게 되는
독서의 힘

굿웰스북스

독서, 나만의 색을 찾는 여정

『읽는 직업』을 쓴 저자 이은혜는 오랜 시간 편집자로서 생활하며 가지고 있던 한 가지 고민을 '탕누어'라는 작가에게 털어놓는 에피소드를 책에 담는다. 이 고민은 나뿐 아니라 책을 즐겨 읽는 독자도 가질 수 있는 것이기에 눈여겨보았다. 그것은 "생존과 돈에 골몰하는 사람들 사이에서 '책 속에만 빠진 삶은 진짜 삶이 아니지 않은가?'라며 독서인들을 폄하하는 분위기가 있다."라는 고민이었다.

책을 읽는 것은 시간과 에너지가 드는 일이다. 그래서 책에 빠져 있는 나도 때론 '내가 너무 비실용적이지 않나?' 하는 생각이 들 때가 있었다. 그 시간에 알바라도 하면 얼마의 돈이라도 생기기 때문이다. 그녀에게 탕누어는 이렇게 말한다.

"글쓰기와 책 읽기도 경험이며 이것이 인식할 수 있는 세계는 먹고사는 문제에서의 경험보다 훨씬 거대하고 심대하다. 오히려 양육이나 생활상의 문제들이 훨씬 더 간단하다고 할 수 있다. 일부 사람은 '그게 삶이

냐고 되묻는다. 하지만 어떤 도시에 가서 살든, 그곳이 얼마나 크든 관계없이 석 달 안에 그 도시의 대부분의 것을 경험할 수 있다. 이후에는 그 석 달치의 경험이 계속 반복된다. 그런 게 과연 인생일까? 그런 반복이? 오히려 책에서는 시공을 초월해 이런 반복을 피할 수 있다. 하루키 소설을 읽으면 도쿄를 내 눈앞에 그릴 수 있다. 폭넓고 광대한 삶과 코앞의 일에만 시선을 두는 삶은 얼마나 큰 차이가 나겠는가. 책은 자기 자신과 현실을 멀리서 바라볼 수 있는 시각을 제공한다. 즉 책 읽는 이는 이해관계, 목적성에 갇히지 않고 거리감을 가지며 객관성을 확보할 수 있다."

너무 공감이 되었다.

22년간 일했던 일터를 떠나면서 나는 더욱 독서에 몰입했다. 눈을 뜬 순간부터 잠자기 전까지 손에서 책을 놓지 않았다. 코로나로 세상은 더욱 빠르게 변해가고 있었다. 그러나 내가 사는 세상은 멈춰 있는 듯했다. 내 눈과 마음은 책 속의 다양한 사람과 삶, 장소들을 쫓아가고 있었다. 그 속에서 나만의 자리를 찾고 있었다. 누군가에 의해 칠해진 색을 지우고 나만의 색으로 다시 덧입히고 싶었다.

육체적으로는 그렇게 지치지 않았다. 그러나 정신과 영혼은 지쳐 있었다. 반복되는 모임과 회의들, 일상 속에서 낯설고 새로운 시선이 필요했다. 내 삶의 의미를 더욱 밀도 있고 풍요롭게 해줄 단 한 조각의 그 무언가를 찾고 있었다. 그리고 지나온 시간을 되짚어보고, 새로운 시간을 맞이하고 싶었다.

이 책은 25여 년 간 나의 독서 여정을 통해서 어떻게 어린 자아에서 단단한 어른으로 변해갈 수 있었는지를 작은 떨림을 가지고 써 내려갔다. 나의 내면과 자아, 자존감이라는 문제는 어린 시절부터 나의 관심사였다. 상처받고 여려서인지 그런 나를 이해하기 위해서 그 주제에 대해 끊임없이 공부하고 읽어갔다.

1, 2장에는 일상 속에서 느끼고 경험했던 내 내면의 단면이 독서의 여정 속에서 어떻게 성장해갔는지에 대한 이야기들을 담았다. 그리고 3, 4장에서는 수천 권의 책을 읽어가면서 고민하고 정리했던 부분들, 즉 어떻게 책을 읽을 것인가에 관한 답들을 정리해보았다. 5장은 독서를 통해 우리 모두 더 나은 자신과 세계를 만들어가기를 바라는 마음에서 기록해보았다.

이 책은 그냥 나 홀로 쓴 것이 아니다. 우리 모두 이미 여러 거인들의 어깨 위에 올라가 그분들의 도움을 입어 읽고 쓰고 살고 있다. 이 책 또한 지금까지의 내 삶에 다가와준 거인들의 책, 그 책들을 소개해준 사람

하루 한 페이지, 나를 사랑하게 되는 독서의 힘

들, 책 속 다양한 사람들의 이야기를 통해서 만들어졌다. 그 책들이 지금의 나를 만들었고, 나도 그렇게 도움을 입어 책을 만드는 사람이 되었다.

아무쪼록 책을 통해서 나눈 나의 지식과 경험을 통해서 독자들이 독서에 대한 동기 부여를 얻고 자신을 더욱 사랑하는 시간이 되기를 바란다. 또한 다양한 레시피로 음식의 세계를 향유하듯 책을 읽는 다양한 방법이 있음을 이해하고 독서를 더욱 맛있게 즐기는 다양한 길을 발견했으면 한다. 몸만 어른이 아닌 독서로 가꾸어진 단단한 내면으로 자신만의 길을 뚜벅뚜벅 걸어가는 주체적이고 진정한 어른이 되기를 바란다. 그렇게 한 사람씩 한 권의 책을 통해 내면을 빽빽이 채워가고 자신만의 소명을 발견하고 이루어간다면 이 책의 사명은 다한 것이다.

목 차

2장 매번 상처받는 내가 싫어 읽기 시작했다

3장 자존감을 끌어올리는 독서 원칙 7가지

4장 단단한 나를 만드는 독서의 기술

5장 당당해지고 싶다면 지금 당장 책을 읽어라

1장

왜 난
단단한 어른이
되지 못하는가?

01

왜 난 단단한 어른이 되지 못하는가?

현재는 나의 결과물이다. 우리 모두에게는 비축된 경험이 있다.
바로 이런 것들이 모여 지식이 되고 재주가 된다.

- 박길상 -

흔들리는 세상, 흔들리는 나

　IMF와 금융위기 때 많은 어른들이 흔들렸다. 직장과 사회가 더 이상 나를 보장해주지 않는다는 것을 어른들은 톡톡히 경험했다. 코로나 이후 바뀌고 있는 세상에서 또 한 번 많은 이들이 흔들리고 있다. 이렇게 흔들리는 세상에서 무수한 진동을 경험하며 우리들은 살아간다. 게다가 한 번 실패하면 다시 회복하기 힘든 사회 구조적 현실 속에서 많은 이들이 우울증과 자살 충동을 겪고 있다. 초고속 성장, 세계 최고의 IT 국가라는 화려한 외형 속에서 자살 1위라는 오명을 벗지 못하고 있는 것이다.

여성들은 자신에게 과부하된 일터와 집에서의 이중 노동으로 자신의 정체성에 대한 혼란을 경험한다. 그래서 젊은 여성들은 이제 비혼을 선택하거나 출산을 포기하기도 한다. 밀레니얼 세대는 IMF와 금융위기 때 무너진 자신들의 부모들을 보면서, 부모와 사회도 자신을 보장해주지 않는다는 사실을 일찍이 터득한다. 또 전쟁과 같은 취업 전쟁에서 결혼과 육아를 포기하고 사회가 원하는 정답이 아니라 자신만의 답을 찾아 다른 방식의 삶을 창조해간다.

한 TV 프로그램에서 엄마와 아들이 등장했다. 아들은 카이스트 출신이지만 어느 날 폭탄같이 선포한다. "난 그동안 엄마가 시키는 대로 다 했다. 이제는 내가 원하는 것을 하며 살겠다."라며 그는 글 쓰는 여행 작가의 삶을 선택한다. 아들의 그런 선택 속에 엄마는 할 말을 잃는다. 주입식 교육으로 통제된 환경에서 자란 우리들은 자신의 진정한 열망에 귀기울일 여유도 갖지 못한 채 살아왔다. 부모와 사회가 원하는 것을 아무런 의심도 없이 쫓고, 그것이 나의 선택인 줄 착각했다. 그래서 뒤늦게 자신의 내면에서 들려오는 목소리를 좇아 새로운 인생을 살려는 이들을 주변에서 볼 수 있다.

도종환 시인은 "흔들리지 않고 피는 꽃이 어디 있으랴 이 세상 그 어떤 아름다운 꽃들도 다 흔들리며 피었나니!"라고 말했다. 그러나 그 흔들림이 회복할 수 없을 정도로 한 존재를 파괴할 정도라면 문제가 있다. 흔들림에서 단단함으로 가기 위한 사회적, 정서적 자원이 필요하기 때문이다. 그 자원이 주어지지 않는다면 그것을 개인에게만 탓할 수 있을까. 그 속에서 살아가는 흔들리는 어른들은 불행하다.

우리의 불행에는 이유가 있다

『우리의 불행은 당연하지 않습니다』의 저자 김누리는 교수가 되기 전 독일에서 8년을 지내면서 한국 사회에 대한 질문을 품게 된다. 그리고 우리 사회의 민낯을 본다. 독일 사회는 한국과 여러모로 궤적이 비슷했다. 두 국가는 제2차 세계대전 이후 냉전과 분단의 운명을 공유했고, 국가 규모도 비슷했다. 통일 이전의 서독과 지금 남한 인구도 비슷했고, 통일 이후 독일은 약 8천4백만 인구를 가지고 있었다. 그래서 그는 독일 사회와의 비교를 통해 한국 사회의 문제를 진단한다. 그는 책에서 이렇게 말했다.

"유교적 윤리의 억압, 부모로부터의 억압, 여성에게 강제된 어떤 루틴들도 억압이다. 육아도 여성에게 강제된 것, 또한 자본주의로부터 비롯된 억압이 우리를 짓누르고 있지요. 왜 꼭 직업을 가져야 되지? 왜 꼭 돈을 벌어야 되지? 그런 강박 관념도 일종의 억압이라 할 수 있다. 나의 행동을 알게 모르게 통제하는 사회적 시선 그 자체도 억압일 수 있다."

저자는 "독일의 68 혁명은 모든 나라에 영향을 주었지만, 유독 한국에
는 영향을 미치지 못했다."라고 말한다. 68 혁명이 일어나게 된 결정적인
역사적 계기는 베트남 전쟁이다. 이때 많은 사람들은 기성세대가 만들어
놓은 가치 질서에 근본적인 의문을 제기하기 시작했다. 그들은 이 의문
속에서 기성세대가 이루어놓은 것은 사실 '거대한 억압의 체제'이고, '이
것을 혁파해야 한다'는 결론에 이른다.

모두가 베트남 전쟁을 반대하던 시기에 한국은 박정희 시절이었고, 그
는 좌익이라는 오해를 무마시키기 위해, 미국 편을 들어 적극적으로 베
트남 전쟁에 30만 명가량의 군인들을 파병한다. 이는 68 혁명이 우리나
라에 도달하지 못하게 되는 요인이 된다. 68혁명이 우리나라에만 도달하
지 못한 것이야말로 한국 현대사에서 결정적인 사건 중 하나라고 저자는
말한다. 그는 이것이 한국의 문화를 다른 나라보다 반세기가량 지체시킨
중요한 사건이라고 진단한다.

우리를 둘러싼 무수한 억압과 가부장적인 권위는 주어진 환경과 체제
에 질문을 품지 못하게 한다. 질문을 하는 순간 반항아로 찍히거나 사회
에 순응하지 못하는 존재가 되는 것이다. 그러나 믿었던 부모와 사회가
자신의 삶을 보장해주지 않는다는 것을 발견한 순간, 그리고 주변이 원
하는 대로 살았지만 결코 행복하지 않다는 것을 발견한 순간, 그제야 당
연했던 삶에 의문을 던진다.

성실하게는 살아왔지만

나 또한 내가 무엇을 좋아하고 잘하는지에 대한 질문을 던지지 못한 채 자라왔다. 그저 학교 공부를 따라 그리고 정해진 성적에 맞춰 자신의 한계를 긋고 살아왔다. 상처가 있었지만 그것이 상처인 줄도 모른 채 착함으로 포장했다. 주위의 의견과 생각에 맞춰 나의 의견은 묵인하고 방치한 채 살아왔다.

성실히는 살았다. 그렇게 살면 되는 줄 알았다. 누구도 '너 자신의 목소리에 귀 기울여라. 너 자신으로 살아라.'라고 말해주는 이가 없었다.

『행복한 나라에서 살면 나도 행복할까』의 저자 전병주는 스물여섯 청년 때 행복한 비법을 찾아 행복한 나라로 여행을 떠난다. 8개월 동안 열한 명의 전문가들에게 행복에 대한 조언을 듣고, 행복한 나라로 꼽히는 다섯 개 나라에서 150여 명의 사람을 만나며 인터뷰한다. 덴마크, 아이슬란드, 코스타리카, 베네수엘라, 바누아투, 이렇게 다섯 나라를 돌면서 길거리에서 만난 사람들에게 행복에 대한 다음의 공통된 5가지 질문을 한다.

– 당신은 행복한가요?
– 무엇이 당신을 행복하게 하나요?

– 지금 걱정하는 건 무엇인가요?

– 돈이나 자동차 같은 물질적인 요소가 당신에게 의미하는 건 뭔가요?

– 인생의 목표를 말해주세요.

이 질문에 대한 답에서 발견한 통찰을 '행복의 재료 8가지'로 정리해서 소개한다. 대부분이 익숙하고 평범한 내용이었다. 가족의 삶을 챙기기, 현재에 집중하기, 단기 목표에 관심 갖기, 다음 세대에 책임을 가지고 관심을 갖기 등이다. 그중 가장 마지막으로 언급한 하나가 인상 깊었다.

"때로는 싸움꾼이 되자."

어느 나라의 젊은이들은 사회의 구조와 제도에 깊은 관심을 갖고, 더 나은 행복 환경을 창출하는 데 결코 침묵해서는 안 됨을 보여주었다. 그들은 주어진 상황에 순응하지 않고 목소리를 높이고 싸움꾼이 되었다. 이것이 행복의 재료 중 하나였던 것이다.

초중고, 일과 결혼과 양육, 주어진 삶에 순응하며 성실히 살아왔다. 그러나 그 상태에 균열을 가져다줄 만큼 싸움을 걸어보지 못했다. 질문하지도 의심하지도 않는 삶, 그 속에서 무수한 흔들림을 괜찮은 척하고 살아온 삶, 그 속에서 나의 존재는 살아 있지 못하고 오랜 시간 겉으로만 단단함을 가장한 채 숨만 쉬고 있었다.

싸움꾼이 되어 자신의 행복을 쟁취해갔던 어느 나라의 시민들과 젊은 청년들처럼, 이제 어른들은 단단한 척하는 가면을 벗어버리고 자신의 흔들림을 인정하며, 그 해답을 찾아가야 하지 않을까?

02

나는 좋은 엄마가 될 줄 알았다

여성이 원래 잘 못하도록 태어난 것이 아니라
안 해봤기 때문에 잘 못하며 서툰 것입니다.

- 김영휴 -

결혼 5년 만에 시험관 아기로 얻은 아들

맡은 업무로 인해서 2년 정도 아이 낳기를 미루었다. 2년 후 아이를 막상 가지려 하니 생기지 않았다. 기대와 낙심을 반복할 즈음에 나보다 늦게 결혼한 동생이 먼저 첫아이를 임신했다. 그때는 아무렇지 않았다. 그러나 시간이 조금 흐른 후 동생은 두 번째 아이까지 임신했다.

그때 난 잠시 절망했다. '내가 무엇을 잘못했나요? 그동안 선한 일만 하며 살아왔는데 왜 나에게 이런 일이 일어나지요?'라고 보이지 않는 신에게 따졌다.

그렇게 5년의 시간이 흘렀다. 나는 일터에서 주는 안식년에 맞춰 대학원에 들어갔다. 그때 잠깐의 틈을 타서 병원을 갔다. 후배 결혼식 날 우연히 만난 대학 시절 간호사 친구가 나의 이야기를 듣고 신뢰하는 불임병원을 소개해주었기 때문이다. 공부하면서 병원 다니는 것이 쉽지는 않았지만, 어쩔 수 없는 의무감으로 다녔다. 인공 수정을 두 번 시도했지만 실패했다. 한 학기가 또 흘렀다. 다시 마음을 잡고 병원에 갔더니 시험관 수술을 권했다. 그렇게 난 첫 번째 시험관 시술을 했다. 처음이라 큰 기대를 하지 않았지만, 단번에 임신에 성공했다.

아이가 없는 5년은 약간은 심심하면서도 건조하기도 했다. 하루하루는 바쁘게 돌아갔지만 주말에는 그 헛헛함을 채우기 위해 매주 집 가까이에 있는 영화관에 남편과 영화를 보러 다녔다. 그러다가 5년 만에 아이가 생긴 것이다. 그 기쁨은 오랜 시간 아이를 기다려온 사람만 알 것이다.

그러나 출산할 때부터가 문제였다. 진통 때문에 이틀을 못 잤다. 분만실에 들어오자마자 출산하고 바로 나가는 엄마들이 부러웠다. '몇 살의 나이 차이가 이런 결과를 낳는 건가?' 하는 생각에 내 나이를 탓하기도 했다. 30시간 이상의 진통으로 힘이 다 빠져버린 상태에서 마지막 진통이 몸에서 느껴졌다. 드라마에서 보이는 그 고통스러운 모습과는 비교할 수 없는 고통이었다. 나는 지나다니는 간호사들을 붙들고 그냥 수술해주면 안 되냐고 애원도 해봤지만, 들은 척도 하지 않았다. 그때만큼 간호사들이 얄미운 적이 없다. 그렇게 힘들게 태어난 아이를 내 품에 안았지만 이상하게 내 아이처럼 느껴지지 않았다. 5년을 기다리고, 열 달을 내 몸속에 있었고, 38시간의 진통 속에 낳았지만 그냥 하늘에서 뚝 떨어진 거 같았다. 난 평상시에 거의 병원을 가지 않을 정도로 건강한 편이었다. 그러나 아이를 낳고 1년 동안은 육아로 인해 몸살이 걸려 열 번은 병원을 다녀야 했다. 나의 실제 체력이 들통난 것인지 엄마라면 겪어야 할 과정인지 정신없는 1년을 보냈다.

그렇게 아이와 힘들고 기쁜 시간들을 함께 보내고 1년이 지나니 내 아이 같지 않았던 아이가 점차 내 아이가 되어갔다. 관계란 그런 것 같다. 서로 얽히고설켜 때론 밤낮없이 잠 못 이루는 시간이라는 문을 통과해야 진짜 관계가 이루어진다. 꽁하거나 데면데면하면 관계가 깊어질 수가 없는 것이다. 그래서 가슴으로 만난 아이도 정말 내 아이라는 말이 믿어졌다.

왜 계속 화가 날까

그렇게 귀하게 얻은 아이, 그러나 양육하는 순간순간 왜 나는 그리 기쁘지만은 않은 걸까? 육아가 힘든 것은 알았다. 결혼 전에 자아 성찰도 많이 하고 나름 치유의 시간도 가졌다. 임신 중에 육아를 위한 많은 책을 읽었다. 난 정말 좋은 엄마가 될 줄 알았다.

그런데 웬걸 끊임없이 짜증이 나고 화가 났다. 한번은 TV에서 한 엄마가 정말 미쳐버릴 거 같아 아이를 베란다 밖으로 던져버리고 싶다는 이야기를 듣고 충격받았다. '저 엄마 모성이 너무 약한 거 아니야?', '엄마라면 어떻게 자기 아이를 두고 그런 생각을 해?'라는 생각을 했었다. 그런데 내가 바로 그 순간을 맞닥트리고 있었다. 잠깐을 못 참고 울어대는 아이, 홀로 종일 아이와 씨름해야 하는 그 순간 나는 정말 아이를 밖으로 던지고 싶은 충동을 느낀 것이다. 모성이고 뭐고 머리가 돌 지경이었다.

아이가 조금 더 크고 대여섯 살쯤으로 기억한다. 집에 있을 때, 내가 속한 단체의 이사님이 전화를 주셨다. 반갑게 웃으며 전화를 받고 끊었다. 끊자마자 아이가 말했다. "엄마, 왜 전화받을 때는 웃는데, 끊고 나서는 안 웃어?", "어… 엄마가 그랬어?" 아이에게 아무 말도 할 수 없었다.

엄마가 되기 전 한껏 높아졌던 나의 자존감은 다시 바닥을 내리쳤다. 외부에서 보는 나와 집에서의 실제 나의 격차는 커져갔다. 일터와 집을 오가는 매일매일의 반복되는 하루 속에서 지쳐갔다. 에너지도 없으니 남편과의 다툼도 종종 있었다. '아이가 어릴 때 다들 그렇게 살아.'라는 말을 익히 들었지만, 난 아닐 줄 알았다. 엄마가 된 후 자신을 잃어가는 듯하고, 뭔가 변해버린 나의 모습 때문에 그런 내가 싫어지기 시작했다. '나만 그런 건가. 나만 이렇게 나쁜 엄마인가 하는.'

아이들이 커서 "우리 부모님처럼 될 거야, 우리 아빠 같은 사람 만날 거야."라고 말하는 사람은 보통 건강한 부모 밑에서 자라나는 경우다. 반대로 "우리 부모님처럼 절대 되지 않을 거야, 절대 우리 부모님처럼 내 아이에게는 하지 않을 거야."라고 다짐하는 사람이 있다. 아마 '절대'라는 단어가 붙을수록 부모로부터 받은 상처가 큰 사람일 것이다. 나는 '절대'라는 단어의 강세는 약했지만, 나는 첫 번째 경우보다는 두 번째 경우에 좀 더 해당되는 경우였다.

부모님은 자녀를 위해 희생하셨고 누구보다 열심히 사셨다. 물질적으로는 넘치지도 부족하지도 않게 자랐다. 그래서 그 부분은 정말 존경한다. 그러나 부모의 잦은 다툼, 바쁨으로 인한 친밀한 소통이 부족한 관계는 나의 자존감을 해쳤다. 학창 시절마다 친한 친구들은 늘 있었지만, 나는 늘 수줍은 아이였고, 나의 존재를 철저히 감추며 다녔다. 내 안에 '외로움'이라는 녀석을 하나 품고 말이다.

그래서 나는 젊은 시절 열심히 심리학 서적들을 읽어댔다. 자아의 문제를 해결 받고 그 이유를 알기 위해서 말이다. 그렇게 문제의 원인을 알아가며 나를 용납해가며, 치유와 변화를 맛보았다. 부모를 용서하고, 나를 이해하고 수용해갔기에 다 된 줄 알았다. 내가 자라온 환경에서의 상처가 말끔히 해결된 줄 알았다. 내가 싫어하는 부모님의 어떤 부분과는 다른 행동을 취할 만반의 준비가 되어 있었다.

그런데 어느 날 문득 집에서 내가 나를 바라보는 순간이 있었다. '헉, 이건 내가 닮고 싶지 않은 엄마의 모습인데….', '이런 모습은 엄마처럼 되지 말아야지.'라는 부분을 아이에게 똑같이 하고 있는 것이다. 어린 시절 엄마는 집에서 늘 무언가를 하였다. 아빠와 함께 생계를 책임지고 사업을 했던 엄마는 온종일 일하고 늦은 저녁에 들어오셔서 밥을 해주고, 잠을 자고 아침에 일어나면 다시 일을 하러 나가셨다. 엄마만큼 부지런하고 성실히 인내하며 사는 사람은 보지 못했다. 집안일하고 일하시는 모습 등 엄마의 뒷모습만 보고 자랐던 것 같다. 엄마와의 눈 맞춤의 기억이 거의 없다. 생존의 갈림길에서 자녀들에게 정서적인 결핍까지 채워줄 여유는 엄마에게 없었던 것이다.

교육 이론으로 무장한 나는 '아이와 잘 놀아줘야지, 아이의 말을 경청하고 친밀하게 소통해야지, 정말 좋은 엄마가 될 거야.'라고 생각했다. 그런데 집에서 발견한 나의 실제 모습은 사실 그렇지 못했다. 일터에서 집으로 돌아와 집안일을 끝내면 나에게 유일한 쉼은 독서다. 밖에서 정서적으로 육체적으로 소비한 에너지를 책으로 채운다. 그 시간은 온전히 나에게 집중하는 시간이다. 아이에게 내 존재를 내어주는 것이 힘들었다. 아이는 엄마의 온전한 집중을 원한다. 그 모든 것을 받아주기에 내 자아는 정서적 허기가 극심했고 감당하기 벅찼다. 우리 아이도 나의 엄마처럼 내 뒷모습만 보고 있었던 것이다.

어디선가 이런 글을 보았다. 엄마가 되면 끊임없이 엄마를 갈구하는 아이와의 소통 속에서 자신의 자폐적인 성향들이 깨어져간다고. 그렇다. 나 또한 내 안에 나만의 세계로 끊임없이 몰입하려는 자폐적인 성향을 직면하고 있었다. 그리고 미처 돌보지 못한 내적인 문제들이 드러났다. 물론 일하는 엄마에게 그럴 수밖에 없는 무수한 사회 구조적 외적인 이유가 많다. 그러나 또 다른 이유로 나는 아이와의 소통을 외면하고 있었고, 내 뒷모습만 보여주고 있었던 것이다. 그렇게 나는 좋은 엄마가 되는 것에 실패했다.

03

대한민국에서 워킹맘으로 산다는 것

여성들은 스스로 물결을 일으키는 것을
두려워하지 말아야 한다.

– 제니스 캐플런 –

남자로 태어났으면 어땠을까, 처음 상상한 날

우리 집은 딸 셋 아들 하나로 난 그중의 장녀다. 아들은 막내로 그의 존재는 누나들에게 가려 미미했다. 그야말로 딸들이 활개치는 가정이었다. 막내가 남자라고 해서 더 대우해주거나 그런 기억이 없다.

오히려 딸들 중심의 가정이었기 때문에 세 자매는 정말 자유롭게 살았다. 부모님은 바쁘셨고, 공부에 대한 강요도 없었다. 때문에 우리 자녀들은 각자 알아서 공부하고 진로를 찾아갔다.

사회생활을 경험하는 초반만 하더라도 내가 여성이라는 것을 그리 의식하고 살지 않았다. 내가 여자인 것에 대해서 어떤 불만이나 문제의식도 없었다.

그러나 아이를 낳고 나면서부터 어떤 불편한 자극들이 자꾸 나를 건드렸다. 나는 조금씩 불만과 짜증이 가득한 사람으로 변해가고 있었다. 물론 아이를 먹이고 씻기는 과정 자체가 노동인 만큼 나의 체력이 받쳐주지 못하는 데서 비롯된 감정들일 수도 있다. 그러나 더 깊은 불편함은 다른 것에서부터 왔다.

남편과 나는 밖에서 똑같은 노동을 감당하고 집에 들어왔지만 엄마인 나는 집에서 더 고강도 노동을 해야 했다. 남편은 온유하고 부드러운 성품의 소유자였다. 때문에 내가 부탁하는 것을 크게 마다하지 않고 잘 감당해주었다. 그러나 나는 그 또한 짜증이 났다. '내가 꼭 부탁을 해야만 하나, 부부라면 같이 짐을 지고 감당해야 하는 것 아닌가, 남자나 여자나 똑같이 바깥에서 일하는데, 집에서는 여자만 왜?'라는 불만이 고개를 들었다. 그런 생각들이 부정적 감정을 유발했다. 집에서의 모든 일은 공평하지 않았다. 남자와 여자가 살아가는 삶의 방식이 이렇게 다를 수 있다는 것을 처음 느끼기 시작했던 것이다.

아이가 유치원에 가는 것을 챙겨주어야 하는 어느 날이었다. 그 전날 너무 고된 일들이 있어서인지 아침에 일찍 눈뜨기가 힘들었다. 그날따라 남편은 내가 시키지도 않았는데 알아서 아이를 챙기고 있었다. 그때 남편한테 얼마나 고마운 마음이 들었는지 모른다. 그러나 한편으로는 '남자들은 이런 서비스를 평생 받으며 사는구나.' 하는 생각이 올라왔다.

그렇게 작은 불만의 씨앗이 내 안에 퍼지면서 나는 처음으로 '내가 남자로 태어났으면 어떠했을까?'라고 상상해보게 되었다. 내 인생에서 한 번도 해보지 않았던 상상 말이다. 긍정적인 상상이 아니었다. 여자로 살아가는 지금의 내가 너무 싫고 힘들어서 떠올린 상상이었다.

아이를 낳을 수 있는 축복은 지금도 남자에게 빼앗기고 싶지 않다. 아이를 출산하고 교감하는 과정은 여성만이 경험할 수 있는 특별한 선물이고 축복이기 때문이다. 그러나 아이를 양육하는 과정에서 일하는 엄마에게 더욱 많이 부과되는 책임은 내 존재를 갈수록 쇠약하게 만들었다.

대한민국 워킹맘들의 삶은 여전히 고단하다

통계청의 2014년 생활시간 조사 자료를 분석한 내용을 보면, 맞벌이하는 아내의 가사 노동 시간은 남편의 7.4배다. 그러나 시간이 흐른 2020년 통계도 크게 달라진 것이 없다. 여성가족부가 2020년 공개한 '제4차 가족 실태 조사' 결과에 따르면 가정생활을 유지하는 데 필요한 가사노동과 자녀 양육 등을 아내가 전담하는 비율이 남편보다 압도적으로 높았다.

같은 해 9월, 전국 1만 997가구를 대상으로 진행한 조사에서 시장 보기, 식사 준비, 청소 등 가사노동을 아내가 한다는 응답은 70.5%로 나타났다. 남편과 아내가 똑같이 하는 비율은 26.6%, 남편이 한다는 비율은 2.8%로 나타났다. 아내가 남편보다 25배 정도의 가사노동을 더 하는 셈이다. 자녀 양육과 교육도 아내(57.9%)가 한다는 비율이 남편(2.9%)이 한다는 비율의 20배에 달했다.

아내에게도 아내가 필요하다

여자는 어릴 때는 남자와 똑같은 교육을 받고 사회생활을 같이 시작한다. 하지만 엄마라는 이름이 주어진 후부터 남자보다 여자의 책임과 의무가 더 늘어난다. 남편이 많은 것을 도와줄지라도 가정의 모든 것을 기획하고 주도하고 그 일을 분담하는 것은 엄마의 몫인 경우가 많다. 이런 불공평한 일이 있다니.

누구는 그럼 '일을 그만두면 될 거 아니야.'라고 말할 수도 있겠다. 하지만 나에게 일은 단순히 생계 수단을 넘어 삶의 의미를 주는 것이다. 그동안 한 번도 내가 여자로 살아온 것에 대한 회의나 어려움이 없었는데, 여성으로 사는 삶이 처음으로 너무 힘겨웠다. 나도 모르게 튀어나오는 감정들과 불편한 생각에 '여자들은 모두 이렇게 살아야 하나?', '다른 여자들도 나와 비슷할까?'라는 물음표가 생겼다. 나는 그 답을 찾기 시작했다.

"모두에게는 아내가 필요하다. 심지어 아내들도 아내가 필요하다. 아내들은 돌보고, 그들은 날아다닌다."

『더 와이프』라는 소설에 나오는 문장이다. 이 소설은 1950년대를 배경으로 하고 있다. 지금보다 더 남성 중심적인 세상에서 자신의 재능을 펼칠 수 없었던, 오히려 자신의 재능을 숨기고, 온전히 '남편의 아내'로서만 자신의 존재감을 드러내야 했던 한 여성의 삶을 담고 있다. 부부의 이야기이지만, 제목과 같이 '아내'에 더 초점을 둔 이야기다. '아내'가 화자로 등장하기 때문에 아내의 심리와 생각들을 통해 이야기가 흘러간다.

책 속의 '아내'는 작가에 대한 열망을 갖고 있으며 그 재능도 뛰어났다. 하지만 자신의 재능은 묻고, 작가로서의 자질이 부족한 남편의 소설을 대필하며 온전히 헌신한다. 세 아이를 떼놓으면서까지 어떻게 그렇게 남편을 끔찍이 내조해내는지. 그 과정들을 소설은 상세히 묘사해간다. 부부가 다 글쓰기에 몰두하느라 세 아이를 방치하기도 한다. 그로 인해 막내아들의 정서는 매우 불안하다.

아마 당시에는 여성이 재능이 있더라도 주체적인 삶을 사는 것은 굉장한 용기가 필요한 일이었을 것이다. 자신만의 독립적 삶을 펼치는 여성모델이 많지 않았고, 현장에서 뛰고 있는 선배 작가 또한 행복해 보이지 않았기 때문이다.

소설의 끝은 아내가 써준 소설로 인해 남편이 전 세계 모든 작가의 선망의 대상인 핀란드 헬싱키 문학상을 수상하러 가는 장면이다. 여기에서 화자인 아내는 점차적으로 자신의 삶을 감싸고 있는 공허함과 기만을 보게 된다. 그녀는 남편과 상을 받으러 간 그곳에서 드디어 자신 안에 억압해왔던 진실을 대면하고 고백한다.

"맞아, 공정하지 않았어. 세상에서 가장 불공정한 거래였어. 그리고 나는 그걸 덥석 잡았어. 난 내 작품을 쓰고, 내 시간을 가지고, 잠시 기다리고, 세상이 변하기 시작하는 것을 지켜봐야 했어. 하지만 어쨌든 아직도 충분히 바뀌지 않았어. 사람들은 아직까지도 남자들의 내면의 삶, 남자들의 목소리에 매료되고 있잖아. 여자들이 남자들한테 홀딱 넘어갔지. 남자들이 이겼어. 나도 인정해. 그들이 통제권을 가졌지. 주위를 좀 둘러봐. 텔레비전을 켜 봐. 남자들만 국회에 있잖아. 촌스러운 넥타이에다 미역 줄기처럼 빗어 넘긴 머리 하며…."

"나 이제 가게 해줘. 이미 충분하잖아."

소설 속 배경과 비교한다면, 지금의 여성에게 주어지는 위치와 혜택은 훨씬 낫다. 그러나 정말 그럴까. 일과 육아로 인한 여성의 과로와 번아웃. 남모르게 눈물을 삼켜야만 하는 여성들의 이야기는 현재도 진행 중이다. 그 속에서 대한민국의 일하는 엄마들은 '여성'이라는 자신의 존재에 대해서 회의한다. 또한 엄마라는 이유만으로 자녀의 모든 문제에 대해서 자신을 탓하며 죄책감을 안고 살아간다.

집과 일터의 기울어진 운동장에서 오늘도 열심히 달리는 엄마들의 아우성이 들린다. 이러한 환경 속에서 하루를 두 배속으로 살아야 하는 워킹맘들의 자존감은 살아남기 힘들다.

그래서 남자에게만 아내가 필요한 것이 아니고, '아내에게도 아내가 필요하다'고 말하고 싶다. 아내에게도 재능이 있고, 자신을 성장시키고 싶은 욕구가 있기 때문이다. 그래서 때론 지지해주고 인정해주는 아내가 필요한 것이다.

지금도 많은 워킹맘들은 일과 육아의 병행을 힘들어하면서도 일을 그만두지 못한다. 그것은 단순히 생계의 문제 때문만은 아닐 것이다. 일은 자신의 삶에 대한 응답이기 때문이다. 나이를 불문하고 나를 찾고자 하는 열풍은 이를 대변해준다.

물론 소설의 배경인 1950년대와 다르게 지금은 여성에 대한 많은 부분이 개선되었다. 하지만 여전히 사회적 제도나 문화, 인식에서 변화되어야 할 것은 많다. 책은 이렇게 워킹맘으로 살아가는 삶에 딸려오는 여러 불편한 질문들에 대한 답을 주었고, 또 다른 질문들을 던져주었다.

04

엄마의 자존감, 왜 중요한가

건강한 자아상은 인생 전반에 걸쳐
결정적인 역할을 한다.

- 웨인 다이어 -

자존감은 대물림된다

대학 관련 기관에서 오랜 시간 일했던 나는 신입생들에게는 꼭 '자존감'이나 '자기 이해'에 대한 강의를 매년 여러 번 해야 했다. 청년의 시기에 중요한 발달 과업 중 하나는 정체성 형성이다.

나 또한 대학 시절 자아에 대한 고민이 많았고 이를 통해 치유받고 자아를 확립해갔던 경험이 있다. 그래서 강의를 준비하는 과정은 다시 한번 나를 직면하고 회복하는 시간이었다. 그러나 엄마가 된 순간, 난 다시 조금씩 무너졌다.

어느 날부터 아이가 눈치를 본다. 아주 일시적이지만 틱 증상이 보였다가 사라졌다. 사회생활의 스트레스일 수도 있다. 그러나 이러한 증상은 사회적 압박으로 인한 것이든 불안한 심리로 인한 것이든 자신으로 살고 싶고 사랑받고 싶다는 소리 없는 외침이다.

이 외에도 자존감이 낮은 아이들은 선택 결정 장애, 자기 의심, 불안, 확신, 신뢰 없음, 의존적 성향, 불통, 자기 연민, 끌려다니는 삶, 자기 검열, 타인의 시선에 매여 자신의 삶을 살지 못하는 특징을 갖는다. 이로 인해 아이는 자신의 인생을 살지 못하는 수동적인 인생을 살게 된다.

아이에게는 건강한 자존감을 물려주고 싶었다. 그러나 아이는 자신으로 당당하게 살지 못하고, 사회와 부모가 세운 기준 속에서 빡빡한 삶을 살며 방황하고 있었다. 워킹맘으로서 온전히 시간과 자아를 내어주지 못하는 나 때문은 아닌가 하는 자괴감에 빠졌다. 일하는 엄마로 지치고 다시 낮아진 자존감은 어떤 형태로든 아이에게 그대로 대물림되고 있었다. 큰일 났다.

물론 결론적으로 말하는 것은 아니다. 부모가 어떠하든 아이는 언젠가 아이만의 주체적인 선택과 반응으로 당당하게 살아가는 사례도 많기 때문이다. 그러나 어릴 때 건강한 엄마라는 좋은 환경을 대물림해준다면 그것만큼 아이에게 줄 수 있는 큰 선물도 없다.

『자존감의 여섯 기둥』을 쓴 나다니엘 브랜든은 미국 심리학자로 자존감 연구의 선구자이다. 그는 자존감에 대한 평생 연구의 결정체를 이 책에 담았다. 그는 자존감은 "자신이 삶에서 마주하는 기본적인 도전에 맞서 대처할 능력이 있으며 행복을 누릴 만한 가치가 있는 사람이라고 생각하는 내적 경향이다."라고 정의했다. 자존감은 '정신 건강의 척도'이며 '내가 나를 지키는 힘'인 것이다.

자존감은 개인의 내면에 존재하는 것으로 생각이나 신념, 실천, 행동을 통해 스스로 만들어내기도 하지만, 환경, 부모, 교사, 조직, 문화로부터 언어적, 비언어적 메시지와 경험으로부터 형성된다. 특히 어린 시기에는 자신의 생각과 행동을 주체적으로 선택하기 힘들다. 그래서 부모와 사회의 말을 여과 없이 받아들인다. 타인의 기준과 언어를 자신에게 그대로 투영한 것이 자신에 대한 기본 믿음이 되는 것이다.

그는 또 "자존감의 힘은 뿌리 깊은 욕구라는 사실에서 나온다."라고 말했다. 이와 관련해서 한 가지 예를 든다. 욕구는 우리가 효과적으로 생존하는 데 필요하다. 음식과 물은 생명에 지장이 있기에 꼭 필요하다.

그러나 이와 다르게 칼슘과 같은 영양은 필요하지만 그것 때문에 죽지는 않는다. 멕시코 어느 지역의 토양에는 칼슘이 없다고 한다. 그런 환경이 주민들을 몰살할 일은 없지만 그들의 성장에는 해를 끼치는 것이다. 지역 주민 대부분은 몸이 약해지고 칼슘이 부족해서 걸리기 쉬운 질병에 희생된다. 그들의 생존 능력이 손상되는 것이다. 저자는 자존감은 음식과 물보다는 칼슘과 유사한 욕구라고 말한다. 부족하다고 해서 반드시 죽는 것은 아니지만 살아가는 데 필요한 여러 능력에는 부정적인 영향을 끼친다.

특히 요즘 같은 시기에 자존감은 더욱 중요하다. 모든 것이 불확실하고 혼란스러운 시대이다. 이럴 때일수록 흔들림이 심하다. 사람들은 보통 두 가지 마인드를 가지고 살아간다. 첫 번째로 고정형 마인드셋은 우리의 재능이나 능력이 타고났고 고정되어 있다고 생각해서 도전과 실패를 두려워한다. 반면 성장형 마인드셋은 자신의 재능과 능력은 항상 더 나아질 수 있다고 생각하는 태도이다. 끊임없는 노력과 훌륭한 전략, 다른 이들의 지원과 도움을 통해서 더 성장할 수 있다고 믿는 것이다. 이러한 마인드셋의 기초가 '자존감'이다. 코로나로 많은 것들이 바뀌고 있는 판에서 살아남기 위해 성장형 마인드셋이 필요하다.

이제 조직이 개인을 구제할 수 있다는 환상을 갖지 않는다. 평생직장이 사라지고 경쟁이 치열해지고 있다. 코로나 이후 변화의 속도가 더욱 빨라진 시기에 새로운 것들을 끊임없이 배워야 생존할 수 있다. 어느 때보다 개인의 주도성, 독립성, 자기 신뢰를 가질 것을 요청한다.

퇴직 후 나는 자유로워졌다. 수많은 기회들이 나를 향해 손짓하고 있었다. 독서에 관심이 있어 관련된 길을 찾아보았다. 관련된 기관이나 프로그램, 자격증 등 여러 개가 있었다. 수많은 교육 과정들이 백화점처럼 인터넷상에 전시되어 있었다. 이것도 배워야 할 거 같고, 저것도 배워야 할 것 같은 압박감을 느꼈다. 너무나 많은 선택 앞에서 오히려 정신이 혼미해졌다. 자신에 대한 열망에 솔직히 귀 기울이고, 자기 신뢰가 없다면 다양한 선택 앞에서 포기하거나 더 무기력해지기 쉽다. 그리고 수많은 마케팅 앞에서 혼란에 빠지거나 잘못된 선택을 할 수도 있다.

개인이 직접 선택하고 결정하는 일이 많아질수록 자존감의 필요는 더욱 절박해진다. 이때 자존감은 이를 버틸 든든한 힘이 된다. 이렇게 부침이 심한 세상 속에서 살아남을 강인한 자기(self)가 필요하다.

엄마의 자존감은 고칠 수 있는가?

자존감이 아무리 튼튼한 사람도 어떤 사건으로 인해서 일시적으로 낮아질 수 있다. 반대로 아무리 자존감이 낮다고 할지라도 여러 가지 방법을 통해서 회복될 수 있다. 대한민국 엄마들은 바쁘다. 워킹맘은 워킹맘대로 바쁘고, 전업주부라고 결코 한가하지 않다. 일터와 가정 속에서 수많은 공들을 굴리며 자존감도 매일 오르락내리락한다.

『자존감 수업』을 쓴 정신과 의사인 윤홍균도 자존감은 유동적이라고 말한다. 마치 롤러코스터를 타는 것처럼 올라갔다가 내려가기도 하고 내려갔다가 올라가기도 한다. 자존감이 좋은 사람은 인생의 위기에 일시적으로 내려갈 수 있지만 안전띠를 매고 있기 때문에 완전히 추락할 확률은 극히 낮다. 이처럼 떨어진 자존감은 회복할 수 있다.

나는 정말 자존감이 낮은 아이였다. 그러나 치열한 나와의 씨름 속에서 어느 순간 내 스스로도 느낄 정도로 자존감이 튼튼해졌다. 그래서 어떤 충격적인 사건이 와서 일시적으로 자존감이 떨어질 수는 있지만 그 회복 속도가 예전보다 빠르며, 그것을 통해 배울 마음의 여유 또한 생긴 것이다. 이를 '회복탄력성'이라고 부른다.

일을 하든 안 하든 대한민국 엄마들이 처한 상황은 여전히 쉽지 않다. 육아휴직, 유연한 시간 노동제, 출산, 육아비 지원 등 사회적으로 보상 체계들을 마련하고 있다. 하지만 친여성적 일터 문화, 남녀가 공평한 공동육아 등의 사회 문화적인 환경이 마련되지 않는다면 일과 육아의 버거운 삶을 감당해내는 과정 속에서 엄마의 자존감은 떨어질 수밖에 없다. 엄마의 자존감은 자신뿐 아니라 아이와 일터의 사람들에게도 영향을 주기 때문에 중요하다. 엄마에게 롤러코스터를 타듯이 일상을 탈 수 있는 자존감의 힘이 필요하다.

어떻게 엄마의 자존감을 끌어올릴 수 있을까? 엄마는 자신을 우선적으로 돌봐야 한다. 누가 대신 자신을 돌봐주지 않는다. 엄마가 행복해야 아이도 행복하다. 집안일을 남편과 나눠라. 자신만의 정기적인 휴식의 시간을 가져라. 돈을 주고서라도 다른 이의 도움을 받아도 좋다. 에너지를 남겨두고 집에 들어와라. 번아웃되었다고 느낀다면 어떻게든 에너지를 채울 궁리를 해라. 자신을 위해 소비하고 시간을 보내는 것에 죄책감을 가지지 마라. 그리고 책을 읽고 자신에게 투자하라. 끊임없이 공부하는 엄마가 되어라.

기억해라. 엄마가 행복해야 아이도 행복하다. 그 행복은 눈빛과 표정과 행동과 그리고 언어로 자연스럽게 흘러갈 것이다. 아이 전에 엄마의 존재가 중요하다. 존재의 충만함은 자존감에서 나온다. 엄마의 자존감이 당당한 아이를 키우는 비결이다.

아이와의 친밀함을 유지해야겠지만 아이 또한 독립된 인격임을 잊지 말자. 친밀함이 지나쳐 의존 관계가 되어서는 안 된다. 아이에게 잠식당할 정도로 엄마의 존재가 약해져서는 안 된다. 엄마의 지나친 죄책감은 오히려 아이에게 독이 된다.

이 글을 쓰는 아침에 CBS 〈김현정 뉴스쇼〉를 들었다. 피아니스트 손열

음이 나왔다. 그녀는 초등학교 5학년 때부터 혼자 콩쿠르 대회를 다녔다고 한다. 이유는 엄마가 선생님이기 때문에 함께 갈 수 없었다는 것이다. 그러나 그녀는 "엄마인 존재보다 선생님이었던 엄마가 더 좋았다"고 한다. 진행하는 김현정은 "모든 워킹맘이 이 이야기를 들었으면 좋겠다"고 말했다. 엄마가 당당하게 자신의 일을 해가는 것은 아이에게 건강한 독립심과 높은 자존감을 가져다준다. 그러니 죄책감을 가지지 말고 당당히 자신의 일을 하고 자신을 가꾸어라. 이것이 당당한 아이를 키우는 비결이다.

05

내 기준이 없으면 남의 기준으로 살게 된다

남이 뭐라고 말할까? 이런 생각을 늘 하는 사람은 이미 남의 시선의 노예일 뿐이다.
노예는 항상 주인의 눈치를 살피고, 주인의 명령대로 해야 한다.

- 쇼펜하우어 -

내 기준이 없으면

어른들도 많이 흔들린다. 인생 주기에 따라 흔들리기도 하고, 특별히 코로나 이후의 변화에 적응해가야 하는 요즘 같은 시대에 더할 것이다. 우리는 SNS상에서 수시로 타인의 일상을 접하며 도전을 받지만 비교로 인해 그 흔들림의 강도는 더할 수 있다. 자신에 대한 단단한 믿음이 부족하다면 이 흔들림의 파도에서 살 길이 묘연해진다.

어른들의 결정 장애도 심각하다. 나 또한 무엇을 하나 선택할 때 고민을 많이 하는 편이었다. 이것도 좋고 저것도 좋다고 생각하는 편이었다. 이유는 나만의 확고한 기준이 없기 때문이다. 그리고 솔직히 말하면 생각의 게으름 때문이다. 사고의 훈련이 부족하면 자신만의 기준, 삶의 철학이 흐려지고, 타인이 정해주는 경로에 내 자신을 쉽게 내어 맡긴다. 생각의 수고 없이 사는 것은 편할 수 있겠지만 내 인생은 내 것이 아니라 다른 이의 것이 쉽게 될 수 있다. 나의 시간은 어느새 다른 이들이 만들어놓은 시간에 포획되어 쉽게 휘발되어버리게 된다.

『어른의 교양』을 쓴 저자 천영준은 빅데이터와 디지털 경제를 연구하고 가르치는 일들을 하는 과학기술 정책 박사이다. 그는 그것을 사용하는 이들의 역할에 대해 고민하다가 인간의 인식과 행동 본질에 대한 깊은 의문을 가지고 '고전 원문 읽기'를 시작했다. 기술에 대해 빠삭한 저자가 '인간이란 무엇인가, 어떻게 살아야 하는가?'에 대한 오랜 고민을 이 책에서 풀어냈다.

고전에 담겨 있는 혜안을 역사, 예술, 정치, 경제, 철학 다섯 개 분야로 나눠 정리한다. 소크라테스부터 애덤 스미스까지 삼십 인의 삶에서 찾은 그들의 생각 기술을 책에 담아냈다. 그는 '왜 인문학과 고전 공부를 하는가?'라는 질문에 '생각의 기술을 익히기 위해서.'라고 답한다. 조금 더 구체적으로는 '나만의 생각과 행위를 이끌어내고', '스스로 무엇인가를 생산

해내는 진정한 어른이 되기 위해서.'라고 말한다. 또 이렇게 말한다.

"타인의 '좋아요', '구독'을 통해서만 얻어지는 '인정 자본'이 아니라 나 자신에 대한 깊은 공부와 어른다운 생각을 통한 '성찰 자본'을 키워가야 할 때다. 스스로를 제대로 관찰하고 분석하는 연습, 깊은 고민을 통해 새로운 것을 직접 만들어내는 훈련을 바탕으로 새 기회를 찾아 나서야 한다."

어릴 때 공부는 매우 수동적이었다. 일제의 잔재가 남아 있는 지금의 교육 방식은 여전히 강의식 주입식이고, 아이 한 명 한 명의 생각을 펼치기에는 한계가 있다. 기업은 급속한 변신을 거듭하는데, 학교는 시대에 뒤처지는 장소가 되어가고 있다.

그러나 어른이 되어서도 어릴 때의 습관처럼 수동적인 공부를 한다면 그것은 자신뿐 아니라 사회의 발전을 가로막는 길이다. 어른의 공부는 달라야 한다. 타인의 인정을 밑거름 삼아 성장할 수 있지만 그것에는 한계가 있다. 직접 생각하거나 해야 할 일을 남에게 맡겨버린다면 자신의 능력을 입증할 기회를 놓쳐버리는 것이다. 타인의 기준에 나의 기준을 쉽게 맡겨버려서는 안 된다. 끊임없이 탐구하고 사고하는 기술을 훈련함으로써 자신만의 기준을 확고히 다져가야 한다. 그래서 자신만의 삶을 살고, 자신만의 콘텐츠를 만들어가야 한다.

당연함을 버리다

『학교의 당연함을 버리다』를 쓴 구도 유이치는 "학교의 당연함을 의심하라."라고 말한다. '왜?'라는 질문이 교사들에게도 필요하다는 것이다. 정말 아이들에게 필요한 교육은 무엇인지를 끊임없이 질문하며, 관습적으로 해왔던 것을 버리고 개혁해가야 한다고 주장한다.

저자는 고치 마치 중학교에 교장으로 부임하면서 개혁해야 할 과제 목록을 200여 개나 정리했다. 이 중 50여 개는 교사들이 제시했다. 목록은 340개로 늘어났고 그중 170개는 그해에 개선되고 해결됐다. 부임 3년차 무렵에는 개선 과제가 500개 항목이나 되었고 그중 350개 항목이 해결되었다고 한다. 점차 교사의 자율성이 높아져서 과제 목록을 작성하지 않아도 스스로 과제를 제시하고 그때마다 개선해간다고 한다. 놀라운 성과다.

가장 주목한 부분은 실제 사회에서 필요한 힘을 키우기 위해 아이의 '자율성'에 계속 주목했다는 것이다. 결국 어른이 되어 사회에서 필요한 것은 스스로 문제를 찾고 문제를 해결해가는 것이다. 이를 위해 그 과정 속에서 다양한 사람의 의견을 듣고, 갈등을 인정하고, 회피하지 않고, 자신의 감정을 제어하며 합의해가는 과정이 필요하다. 더 이상 주입식, 정답 찾기식 교육은 통하지 않는다.

우리 사회는 여전히 토론하면서 다양한 의견을 경청하고 통합해가는 힘이 부족하여 여러 면에서 흑백 논리로 양극화되어 있는 것을 본다. 이러한 힘을 학교에서부터 훈련해 사회에 나온다면 국가의 발전 또한 당연히 이어질 것이다.

코로나 이후 더더욱 학부모로서 아이의 교육이 걱정스럽다. 지금의 교육은 미래에 필요 없는 교육을 받고 있다는 문제 제기는 많이 하는데 교육의 변화는 더디니 학부모로서 답답할 노릇이다. 내가 어릴 때 사회의 모습과 지금은 엄청난 차이가 있는데, 학교의 모습은 그렇게 큰 변화를 보지 못하고 있다.

어른들은 언택트 시대에 온갖 디지털 기술을 소화하느라 하루하루 버겁다. 그러나 별로 달라지지 않은 학교의 모습을 보며, 아이와 국가가 시간을 낭비하고 있는 것은 아닐까 하는 조급함까지 생긴다. 학교와 교사의 자율성이 생겨서 교육에서도 스타트업처럼 많은 실험과 도전을 해야 할 때이지 않은가 싶다.

외부 환경에 휘둘리지 말고 나만의 영토를 찾아서

미디어와 SNS는 다양한 콘텐츠의 경쟁이 일어나는 곳이다. 어쩌면 저마다의 개성적인 아바타가 자유로이 활개 치는 곳이기도 하다. 그러나 한편으로는 그 공간 또한 어느 순간 비슷비슷해지고 있다는 생각이 들었다. 남의 것을 모방하고, 편집하고, 가공하면서 어느 것이 진짜인지 헷갈릴 때가 있었다. SNS에서 살아남으려면 단단히 정신을 차리고 나만의 것으로 무장하지 않으면 금방 그곳만의 분위기에 휩쓸릴 수 있다.

클림트라는 화가의 작품 〈연인〉, 〈유디트〉는 한국에 잘 알려진 작품이다. 그의 작품 이미지는 한국의 스마트폰, TV에도 자주 등장한다. 그는 1862년 어느 빈곤 가정에서 태어났다. 천부적인 재능을 타고났지만, 어려운 가정 형편으로 공부를 중단해야만 하는 상황이었다. 하지만 예술 공예학교 설립자인 폰 에델 베르크는 그에게 반드시 화가가 되어야 한다며 장학금과 생활비를 지급했다.

그는 후원을 받아 열심히 공부할 수 있었지만 1890년부터 다른 길을 걷기 시작한다. 빈 대학의 대강당 천장을 장식할 그림을 의뢰받으면서 사건이 터진다. '있는 그대로 재현'하는 과거 화가들의 전통적인 방식을 탈피해 자신만의 기법으로 그림을 그린다. 그의 작품에는 인물들은 벌거벗은 채 음부가 드러나 있으며, 해골까지 등장한다. 당연히 빈 대학 관계자들은 몹시 분개했다. 그의 계속적인 당찬 행보에 보수적인 오스트리아인들은 참다못해 그를 처벌할 것을 요구했다. 결국 그를 향한 후원금은 다른 이에게 돌아간다.

이런 상황에서도 그는 결코 외부의 평가나 압력에 굴하지 않는다. 오히려 더욱 강력한 자기 색깔과 정체성을 추구하며 앞으로 나아갔다. 그는 혁신을 꿈꾸며 사람들이 그저 그런 시선으로 자신을 분류하는 것을 참지 않는 작가였다. 그가 계속 관행대로 창작을 했다면 기득권층의 적절한 후원을 얻으면서 유명한 예술가로 자리매김했을 것이다. 그리고 대중이 원하는 화가가 되었을 것이다.

그러나 클림트는 남들의 정의보다 스스로 자신을 정의하며 자신만의 답을 써내려갔던 예술가였다. 그 과정에서 누군가로부터 심한 오해를 당하고 견디기 힘든 일을 겪게 되어도 그 또한 자신의 삶으로 받아들일 줄 아는 사람이었다. 그는 주위의 평가보다 나다움을 잃는 것을 더 두려워하는 진정한 예술가였다.

우리는 삶을 조각하는 예술가들이다. 우리 모두에게는 동일한 시간, 그리고 각자 다양한 삶의 재료들이 주어져 있다. 그리고 각자만의 재료들을 가지고 그 삶을 조각해가야 한다. 그것이 우리가 이 땅에 존재하는 이유일 것이다. 재료가 주어졌다는 것은 자기만의 판단, 취향, 관점을 바탕으로 살아갈 능력과 잠재력도 있다는 말이다.

더 이상 외부 환경에 휘둘리지 말고 자신만의 영토를 가져야 한다. 쏟아지는 정보들, 인공 지능 알고리즘 속 확증 편향은 새로운 생각을 하기 힘들게 한다. 나만의 영토를 갖기 위해서는 시대를 꿰뚫고 갈 수 있는 단단한 뚝심이 필요하다. 자신의 기존 지식을 더욱 강화하는 것이 아니라 알고리즘의 굴레를 벗어나 더 다양한 콘텐츠를 접하며 넓은 생각으로 확장할 필요가 있다. 이를 위해서는 깨어 있는 정신과 사고의 기술이 필요하다. 그래야 여러 마케팅에 현혹되지 않고, 나만의 것을 찾아 분별 있는 선택을 할 수 있다. 단단한 어른이 되어야 한다.

06

퇴직 후 다시 만난 책, 나를 살리다

적어도 자신에게 솔직하면 뭘 원하는지, 어떤 공부에 집중할지도 좀 더 명확해진다.
남에게 보여주기 위한 공부가 아닌 자신에게 이득이 되고, 몰입할 수 있는 공부를 선택해야 한다.

– 김용섭 –

20여 년 묶였던 깊은 의존을 털어버리고

부모는 자녀와 20여 년을 같이 살며 자식을 조금씩 떠나보낸다. 열 달을 몸속에 품고 있다가 단단하게 이어진 탯줄을 끊는 것은 엄마와 아이의 밀착된 의존을 끊는 첫 독립 신호다. 그 후 아이가 정신적, 정서적으로 독립할 때까지 20여 년이 걸린다. 오랜 시간 자녀와 가졌던 정서적 애착을 떼어내는 시간은 특별한 감정을 가져다준다. 서로를 향한 의존이 깊은 만큼 부모와 자녀는 힘든 시간을 보낸다. 특히 엄마는 공허와 우울의 감정을 경험하며 빈 둥지 증후군을 겪기도 한다.

20여 년 이상을 한 단체에 깊이 몸담았다. 젊은 날 나에게 삶의 의미와 가치를 가져다준 곳이었다. 비영리 단체였기에 복지와 혜택은 다른 곳과 비교할 수 없을 정도로 낮았지만 이곳에 몸담고 있다는 것이 나에겐 가슴 뛰는 일이었고 큰 보람이었다. 그러나 퇴직 몇 년 전부터 나의 가슴은 그리 뛰지 않았다. 돈보다 가치를 선택했던 나였기에 의미가 상실되고 있는 삶이 힘들기 시작했다. 오랜 시간의 삶을 정리하는 것은 쉽지 않았다.

퇴직을 결정한 후 코로나가 일어났다. 대부분의 모임이 재택근무로 이루어졌다. 이로 생긴 시간적 여유로 인해 나의 감정들을 좀 더 들여다볼 수 있었다. 깊은 의존을 떼어내는 과정은 애증을 낳는다. 20여 년 이상을 몸담았는데 어찌 좋은 감정만 있을 수 있겠는가. 애정이든 상처든 이젠 깨끗이 씻어버려야 한다. 그렇게 조금씩 정을 떼어갔다. 그래야 내가 스스로를 독립시킬 수 있을 거 같았다. 그동안 지고있던 그 어떤 책임도 이젠 후배들에게 물려줘야만 한다. 더 이상 책임지지 않는 삶, 마냥 좋을 줄만 알았는데 허전함과 공허감 등 여러 감정이 내 몸을 지나가고 있었다. 울타리를 떠나는 느낌, 자식이 부모를 떠날 때 이런 심정이리라.

이제 퇴직 후의 시간들을 보내고 있다. 시간이 약이라고 했던가. 정말 조금씩 잊혀갔다. 원래 나란 사람은 어떤 환경에서도 잘 적응한다. 그래도 노력은 필요했다. 애써 은둔의 시간을 갖고, 되도록 예전의 사람들을 안 만나고, 궁금해도 과거 SNS를 안 들여다보면서 말이다. 애써 괜찮은 척하기도 했다. 그래야만 내 자신이 살 수 있으니깐.

20여 년의 일터를 떠나며 남은 것은

사실 퇴직을 결정하기 몇 년 전부터 퇴직을 상상하고 있었다. 지치고 열정이 사라져갔기 때문이다. 그러나 막상 퇴직을 앞두고는 앞이 깜깜했다. 나는 오랜 시간 내가 속한 한 조직에만 몰입되어 있었다. 떠날 준비의 마음은 늘 하고 있었지만 다음을 위한 실제적인 준비가 너무 안 되어 있었다. 그러나 이런 나의 상황과는 관계없이 떠날 시간이 야속하게 다가오고 있었다.

코로나 기간은 조금 더 생각할 틈을 주었다. 쉬면서도 '이제 나는 뭐 해야 할까?', '나라는 사람이 할 수 있는 것은 무엇일까?'라는 질문을 멈출 수는 없었다. 지금은 일찍 퇴직을 하는 사람도 많은 것 같다. 직장에 대한 환상이 깨지고, 뒤처진 기업 문화가 맞지 않고, 늦게라도 자신의 진짜 꿈을 좇아서 과감한 결정을 하는 것이다. 그러나 무언가를 시작하기에는 몸이 잘 움직이지 않았다. 우선 나에게 쉼이 필요했다. 내 존재가 다시 충만해지고 채워질 필요가 있었다. '무엇을 하기에는 너무 늦은 거 아닌가.', '체력도 예전 같지 않은데.', '더 이상 사람들과 부딪치며 쓸데없는 에너지들을 소모하고 싶지도 않아.', '이젠 나를 위한 삶을 살아보자.', '그냥 한량으로 살아볼까.' 이런 생각의 조각들이 이리저리 떠다녔다. 그러나 100세 시대에 그냥저냥 살기에는 아직 나는 너무 젊었다.

몇 년 전 대학원 수업 과정으로 이스라엘을 여행한 적이 있었다. 제롬이라는 사람은 라틴어로 성경을 번역한 사람이다. 그는 그 일에 성경을 번역하는 사명을 가지고 20여 년을 감옥과 같은 지하방에서 지냈다. 그 지하방을 둘러보면서 그날 일기에 그렇게 썼다. 나도 '최소 20여 년은 어떤 힘든 일이 있어도 버텨보자.' 그런데 정말 20년 이상을 한곳에 머물렀다. 요즘 같이 쉽게 이직하고 일터를 바꾸는 세상에 너무 고리타분할 수 있지만, 나에겐 어떤 사명감이 있었다.

이제 나를 보호해주던 조직의 울타리는 없다. 내 몸뚱이만 남았다. 물론 20여 년 전과는 달리 그동안의 경험 속에서의 지식과 통찰들이 내 한 구석에 있을 것이다. 예전만큼 몸의 에너지가 넘치지는 않는다. 그러나 젊은 날 방황했던 시간은 줄어들고 더 안정된 나라는 존재가 남았기에 남은 20년도 무언가 더 해야겠다는 결론을 내리게 되었다.

그러려면 새로운 준비가 필요하다. 나의 네트워크, 공간, 기술은 오로지 지금 있는 일터에만 국한되어 있었다. 새로운 삶에 걸맞는 새로운 기술, 공간, 정보, 배움, 사람들, 네트워크가 필요하다. 생각이 바뀌니 마음도 바빠졌다. 그러나 자유인이 되니 너무나 많은 선택의 기회 속에서 혼란스러웠다. 자신에 대한 확고한 신뢰와 분별을 가지고 정신을 차리고 선택해야 한다. 사람의 시간과 에너지는 한정되어 있고, 모든 것을 다 감당할 수는 없기 때문이다. 좁은 직장에서 나온 나는 이 넓고 넓은 세상에서 이제 어느 구석에 내 자리를 펴고 앉아야 하는지 결정해야 한다.

책으로 다시 길을 찾다

새로운 세상에서 다시 살아가는 법을 터득해야 했다. 지금 세상이 어떻게 돌아가고 있는지를 알아야 했다. 퇴직 1년 전부터 코로나로 인해 생긴 빈 시간에 더욱 몰입해서 책을 읽기 시작했다. 퇴직 후 나는 나만의 은둔으로 들어갔다. 예전 사람들과의 단절이 필요했다. 그 시간들에 난 더 열심히 책을 읽기 시작했다. 시간을 확보하기 위해 새벽에 일어났고, 틈만 나면 읽었다.

트렌드 전문가 김용섭은 『프로페셔널 스튜던트』에서 "프로페셔널 워커이면서 동시에 프로페셔널 스튜던트가 앞으로 살아남을 사람이다."라고 말했다. "평생교육을 넘어 '직업이 학생'이 되어야 한다."라는 것이다. 저자는 19세기 이후 공장 노동자를 키우기 위해서 대량생산 체제를 닮은 학교 공부가 아니라, 이제는 '5가지 공부'에 주력해야 한다고 말한다. 평생 학생이 공부해야 할 필수 과목은 테크놀로지, 돈, 트렌드, 예술, 생존력이다. 입시를 위한 국, 영, 수에 집중이 되어 있는 우리에게 이 5가지는 여전히 생소하다.

코로나 19 이후 주식 열풍이 불고 있지만, 우리나라가 금융 문맹 국가인 것은 돈과 경제를 터부시하거나 가르치지 않기 때문이다. 트렌드가 수시로 바뀌는 사회에서 4년제, 2년제 대학에서 배운 것은 졸업 후 한물 지나간 것이 될 수 있다. 어른이든 아이이든 저자의 말대로 이제 '롱런 (long run)'하려면 롱런(long learn)'해야 한다.

공부라면 좋아하고 자신이 있었다. 그러나 다가올 세상에서 해야 할 공부는 지금까지 공부한 것과는 너무 다른 결의 배움들이었다. 달라진 세상에서 판을 읽고 적응하기 위해서 그에 맞는 공부를 해가야 한다. 공부해야 할 것들이 너무 많아 행복하기도 하고 피곤하기도 했다.

책의 장르를 가리지 않고 읽어갔다. 예전에는 주로 사회과학이나 교육서, 종교 서적 위주로 읽었다. 이제는 끌리는 제목을 따라 다양한 장르의 책들을 섭렵해갔다. 경제 경영 도서도 많이 읽었고 잘 안 읽었던 소설, 에세이도 읽어갔다. 코로나가 터지고는 환경에 대한 책들도 엄청 읽으면서 코로나를 둘러싼 우리의 환경을 이해할 수 있었다.

조금씩 세상이 보이기 시작했다. '세상이 이렇게 돌아가고 있구나.', '사람들은 이런 생각을 하며 살아가고 있구나.' 나는 나만의 안전한 은둔 속에 머물고 있었지만, 내 머릿속은 온갖 장소를 다 다니고 있었다. 그리고 그 속에서 나만의 길을 찾아야 했다.

07

다른 답을 외칠 수 있는 용기

무엇보다 침묵하면 안 됩니다.
침묵이란 공격자들과 동맹을 맺는 것과 같으니까요.

- 아닉 코장 -

밀레니얼 세대가 부러운 X세대

"남들이 사는 대로? 그게 정말 정답이라고?"

『요즘 것들의 사생활』의 결혼생활 편에 나오는 문장이다. 이 책은 부부
가 부부들을 인터뷰한 내용으로 바탕으로 밀레니얼 세대 부부들의 결혼
생활을 담고 있다. 이 책을 기획한 부부는 뭔가 해치워야 할 의무감으로
가득한 이벤트 같은 결혼식 대신 '산티아고 행진'을 택한다. 이 부부가 인
터뷰한 젊은 부부들도 기존의 결혼, 육아, 성 역할 등에 대한 생각을 뒤엎

고 자신들만의 새로운 삶의 형태를 선택하고 도전한다. 그들은 말한다.

"왜 결혼과 동시에 저마다 가진 개인의 정체성은 중요한 게 아니게 되는 것인지. 왜 세상은 남들이 정해놓은 정답을 지키며 살아야만 잘 사는 것이라고 말하는 것인지. 결혼생활도 좀 '나답게', '우리답게' 할 수는 없는 것인지. 이대로 점점 각자의 본래 모습은 지워지고 어딘가로 휩쓸려가는 결혼생활은 하고 싶지 않다는 생각이 들었다. '다 그런 거'라는 답에서 벗어나 결혼생활에서도 '우리다움'을 되찾고 싶었다."

이 책에는 사람들이 한적한 바닷가에서 모든 것을 직접 만들어 결혼식을 기획하고 꾸민 부부, '동거해보고 결혼하는 거 좋아요.'라고 당당히 이야기하는 부부, 페미니즘 책을 함께 읽으며 양성평등을 실천해가는 부부, 말끔히 차려진 결혼식장이 아닌 친구 카페를 빌려 하루 종일 친구들과 게임을 즐기며 결혼식을 연 부부의 모습이 담겨 있다. 명절에 아내가 당연히 시댁에 갈 의무는 없다며 그건 '아내의 선택'이니 서운해하지 말라고 자신의 엄마에게 당당히 말하는 아들도 있었다. 가난하지만 조금 모은 돈으로 몇 년째 세계여행을 즐기는 일상과 여행이 구분되지 않는 부부도 있었다.

우리 대부분은 하나의 '정답'만을 적어야 하는 시대를 살아왔다. 그것을 기준으로 한 일렬로 줄 세우기식의 삶은 이제 지친다. 어른들이 정답이라고 생각했던 것이 사실 정답이 아닐 수 있다. 어떠한 의문과 질문도 제기할 수 없는 환경은 젊은이들에게는 더욱 답답했을 것이다. 특히 밀레니얼 세대가 살아가는 지금의 사회는 '흙수저 금수저', 'N포 세대', '헬조선' 등의 논란으로 그들에게 평범하게 살 수 있는 기회 또한 주지 못하고 있다. 이런 좌절스러운 상황이 더욱 반짝이는 창의적인 생각과 도전을 할 수 있는 용기를 주지 않았을까 하는 생각도 든다. 기존의 통념을 뒤집고 선택한 그들의 용기가 조금은 부러웠다.

주입식 교육으로 자라온 나에게 다른 삶, 다른 정답을 쓰는 것은 여전히 힘들다. 이제 '정답'이라는 단어는 어떤 의무와 책임의 짐을 안겨줄 뿐이다. 모두가 각자의 답을 써도 괜찮은 세상이 왔으면 좋겠다. 오히려 그 다양함으로 더욱 풍성한 세상을 맛보게 될 것이다.

몇 년 전 지역 대표들 모임이 있었다. 내가 속한 단체는 국제 단체이지만, 한국에서는 지역적으로 활동한다. 그리고 1년에 한두 번 전국 지역 대표 모임을 한다. 30~40여 명의 지역 대표들이 모이면 다시 나누어 소그룹을 진행하기도 한다.

소그룹에서 한 지역 대표가 말했다. "후배들이 부러워요. 나는 선배가 말하면 찍소리 하지 못하고 따랐는데, 지금 후배들은 달라요. 선배가 말했더라도 의견이 다르면 하고 싶은 말 당당히 다하고 따지고 그러잖아요." 무척 공감이 되었다. 때론 '저렇게까지 할 말을 다 해야 하나. 그냥 좋게 좋게 넘어가면 안 되나.' 하는 생각이 들기도 했지만, 내심 한편으로는 그들의 당당함이 부러웠다.

자신만의 답을 써내려가기를

『90년대생이 온다』같은 책들을 통해서 밀레니엄, MZ세대에 대한 관심이 급 높아졌다. 나도 그 책과 BTS에 대한 책들을 읽고도 충격을 받았다. 보통 사람들은 자기가 살아온 시대적 맥락을 기준으로 쉽게 다른 세대들을 판단하고 해석한다. 그것은 그들이 살아갔던 시대적 몰이해에서 나온다. 그러나 밀레니얼 세대가 살아갔던 시대적 배경에 대한 앎은 그들에 대한 새로운 이해와 공감을 가져다주었다. 그래서 '왜 저러니?'에서 '충분히 그럴 수 있구나.'로 바뀌면서 소통의 격차를 줄여주었다.

반면, 『영 포티, X세대가 돌아온다』라는 책은 X세대에 관한 내용을 담고 있다. 밀레니얼 세대를 향한 온갖 쏟아지는 관심 속에서 내가 속한 X세대에 관한 책이라니 반가웠다. 나의 세대를 어떻게 해석하고 있을지 무척 궁금했다.

저자는 70년대에 태어난 이들, 즉 지금 40대들을 X세대로 본다. 저자는 소비자 분석을 하다가 X세대에 관심을 갖게 되었다고 한다. 최신 트렌드를 소비할 뿐만 아니라 경제력으로, 정치적으로 가장 파워풀한 집단이 X세대라는 것이다. 그래서 밀레니얼 세대만 아니라 이들에게 집중해야 한다고 저자는 주장한다.

사실 80년대 민주화운동이 지나가고 90년대를 맞이하면서 문화적으로 가장 개성적인 세대가 등장했는데 그들이 X세대다. 그들은 지금의 밀레니얼 세대처럼 '나다움'을 중요시하고 자신만의 목소리를 발하는 세대였다. 그러나 그들이 졸업할 즈음에 IMF가 터지고, 금융위기를 맞이하면서 조직에서 살아남기 위해서 자신의 목소리를 죽여야 했다. 지금 조직은 밀레니얼 세대와 더 윗세대의 소통을 잇는 역할을 X세대에게 요청하고 있다. 공감이 되었다.

음악뿐 아니라 방송, 영화에서부터 책까지 콘텐츠 생산에 있어서 X세대들은 아직까지도 탁월한 능력을 발휘하고 있다. BTS를 만든 방시혁, 〈기생충〉의 봉준호 감독, 나영석 피디, 드라마마다 히트 치는 김은숙, 김은희 작가, 각종 드라마의 X세대 주인공들이 있다. X세대가 만드는 문화 콘텐츠는 X세대만 즐기는 것이 아니다. 레트로 감성을 찾는 젊은 MZ세대도 이들의 콘텐츠에 열광하고 있다.

밀레니얼 세대뿐 아니라 X세대 안에도 '나답게 살고 싶은 욕구'가 가득하다. 여러 사회적 환경으로 그 욕구를 숨기고 살아왔을지 모르지만, 여전히 당당히 외치며 시대를 선도하는 이들이 있다. 밀레니얼 세대를 향한 부러움을 그만 접어야겠다. 내 안의 '나다움'을 찾아 나서야 한다.

다르게 외칠 수 있는 용기

내가 속한 단체는 지역적으로 활동한다. 내가 사는 곳은 지방 작은 소도시다. 나는 아주 어린 나이부터 지역 대표를 맡아서 15년 정도 근무했다. 나이가 들수록 여성들은 다양한 이유로 일을 그만두었다. 그래서 30~40여 명의 대표들이 모이면 그중에 여성은 한두 명이었다. 여성 대표가 나 혼자인 적도 많았다. 회의는 같이 하지만 모임이 끝나면 독방을 쓴다. 하루이틀은 쉼이 되어 좋지만, 그 이상 지나면 매우 심심해진다.

나는 주장을 강하게 하는 스타일이 아니지만 독립적인 성격의 소유자이기에 이 시간들을 잘 버텨온 것 같다. 지역 대표이자 여성으로서 늘 소수자의 위치에 있을 수밖에 없었다. 예민하고 남의 눈치를 많이 보는 성향이라 그런지 나는 침묵을 선택할 때가 많았다. 내가 속한 단체의 남성 대표들은 많은 배려를 해주려고 노력하는 인간적인 분들이다. 그럼에도 수적으로 명백한 기울어짐은 소심한 나를 더 소심하게 했다.

이 상황에선 나는 그냥 아닌 척, 괜찮은 척해야 했다. 아니 난 괜찮은 줄 알았다. 사람들에게도 "난 독립적인 성격이야. 그래서 잘 버틸 수 있고 버텨왔어."라고 말했다. 그러나 지나고 보니 그런 말로 스스로 무장시키고 세뇌시켜야만 내가 살 수 있었던 것 같다. 괜찮은 척하며 꽁꽁 나를 묶고 있는 중에 나의 진짜 속마음, 감정들은 내 안에서 살려달라고 소리치고 있었다.

이화여대 백소영 교수는 이런 말을 했다.

"남성 중심적 문화 안에서 여성의 죄는 '교만'이 아니라 오히려 '자기 포기'라고 합니다. 인류에 공헌할 콘텐츠, 전통이 되어 흘러갈 유산을 만들어야 하는데 여성은 그걸 만들어 내지 않고 자기를 포기했다는 거죠. 아무리 시스템의 문제였다고 해도 그건 죄라는 겁니다."

그렇다. 나는 중간중간 포기하고 싶을 때가 많았다. 남성으로 가득 찬 환경과 구조 속에서 견뎌야 하는 외로운 싸움을 그만 내려놓고 싶었다. '여성의 죄는 교만이 아니라 자기 포기'라는 말은 진짜 내 마음의 정체를 폭로했다. 그래서 '좀 더 버텨보자.', '포기하지 말자.'라고 다시 다짐했다.

일을 그만둘 즈음에 밀레니얼 세대 후배들의 강력한 외침과 제안들로 공동체가 잠시 휘청거렸다. 나는 여성이자 X세대 선배였기에 이중적인 묘한 위치 속에서 선배와 후배의 입장을 다 이해할 수 있었다. 그래서 어느 쪽에도 서지 못하고 어정쩡한 위치에 머물렀다. 모두가 힘들어하고 상처받으며 힘든 시기를 보내고 있었다. 그 시간을 견디고 지나면서 세대 교체가 일어났고, 젊은 여성 리더들도 좀 더 자신감을 가지고 이 길을 걸어가고자 했다.

계속해서 후배들이 당당히 자신의 답을 써내려가길 바란다. 그러나 자신의 답만이 정답임을 은근히 강요하는 오류 또한 범하지 않았으면 한다. 각자 써내려간 답들을 서로 존중히 여겼으면 한다. 그리고 성과 세대를 떠나서 더 자유롭게 서로 다른 것을 부끄러워하지 않고 외칠 수 있기를 바란다.

매번 상처받는
내가 싫어
읽기 시작했다

01

매번 상처받는 내가 싫어 읽기 시작했다

섬세하면 스트레스를 잘 받아서 힘든 면도 있지만
기분이 좋을 때나 기쁠 때나 행복을 더 깊이 맛볼 수도 있습니다.

- 다케다 유키 -

왜 그렇게 감정이 마비되었어?

신입 연수 때 일이다. 내가 속한 조직은 입사하면 세 달 동안 숙식하며
훈련을 받아야 했다. 자아와 내면에 대한 이해, 상담 스킬, 그리고 업무
에 필요한 다양한 강의를 소화하고 책을 읽고 리포트를 제출해야 했다.
첫 2주는 자기 성찰에 집중했다. 자신의 내면에 계속 집중하는 시간은
쉽지가 않았다.

신입 훈련 담당자가 한번은 지나가는 길에 "은혜는 왜 그렇게 감정이
마비되었어?"라는 말을 던지며 가셨다. 순간 '무슨 말이지? 내가 그 정도

였나? 내 감정이 절제된 정도가 아니라 마비된 정도인가?' 하는 생각에 잠시 상처를 입었다.

훈련 담당자는 직설적인 화법으로 훈련생들을 직면시키는 재능이 있었다. 나 또한 말 없는 아이로 오래 살아왔기에 감정 표현이 절제되어 있는 것도 사실이다. 그러나 대학 때 많은 내면적 변화를 겪어왔기에 그 말로 내가 규정되어지는 것이 조금은 억울했다. 물론 나중에 개인적으로 사과를 하시기도 했지만, 지금도 남아 있는 기억이다.

"우리가 상처받았어."라고 말할 때, 보통 감정에 입은 상처를 말한다. 나는 내 존재감을 철저히 감추고 살아왔다. 그것은 당연히 감정에도 영향을 주었다. 그래서 오랜 시간 감정을 부인하거나 억압했다. 그러나 내면이 치유되면서 자연스럽게 감정적인 치유도 일어났다. 버스를 타고 지나가는 구름을 보며 눈물을 흘리기도 하고, 작고 소소한 것에 감동을 할 줄 아는 사람이 되어갔다.

이러한 감정은 자존감과도 매우 상관이 있다. 자존감은 감정과 떼려야 뗄 수 없는 관계다. 자존감은 자기 자신의 가치를 인정하고 수용하는 내적 느낌과 생각이다. 감정은 우리 인간됨의 한 부분이기에 매우 중요한 요소이다. 그런데 그 감정을 오랜 기간 무시하고 회피하고 억압하며 살아왔다는 것은 결국 자신의 존재 자체를 부정하는 행위다. 그런데 어떻게 자존감이 높을 수 있겠는가.

감정 조절을 못하는 사람은 억압과 폭발을 반복한다. 상처를 입고 억울한 마음이 들고 심장이 뛰고 혈압도 오르지만 그 신호를 무시한다. 그러다가 견딜 수 없을 정도가 되면 상황과 관계없이 폭발한다. 결국 그렇게 화를 낸 자신의 모습을 부끄러워하며 죄책감과 우울감을 경험한다. 화풀이를 당한 사람도 상처와 실망 속에서 좌절감을 느낀다.

반면 감정을 잘 조절하는 사람들은 자신이 어떤 감정을 느끼고 있고, 이 감정이 어떤 영향을 끼칠지 인식한다. 지금의 감정이 단순히 현재 사건의 영향으로만 발생한 것이 아니라 과거의 어떤 경험과 오늘의 상황 및 컨디션까지 합쳐서 발생했다는 사실을 인지하고 있는 것이다. 그래서 이들은 감정이 격해져도 함부로 행동하지 않는다. 큰 숨을 쉬거나, 산책을 하면서 화가 가라앉을 때까지 기다리며 냉철히 그 이유를 파악한다. 이들은 남들이 눈치 채지 못할 방법으로 자신의 감정을 인지하고 조절한다.

자신의 감정을 인지하고 잘 다스릴 줄 아는 기술은 자신과의 관계뿐 아니라 타인과의 관계에서도 너무 중요한 부분이다. 그런데 자신의 감정을 인지하지 못한다면 내가 감정을 다스리는 것이 아니라 감정이 나를 좌지우지하게 만든다. 그렇게 되면 감정을 통제하지 못하고 폭발함으로 자신과 타인을 해친다. 이는 자신과 타인 모두를 고통에 빠트리며 자존감 또한 망가트린다.

이렇게 감정을 조절하고 적절히 표현하는 것은 나의 자존감, 즉 내가 느끼는 행복감과도 연관된다. 나는 심리, 상담 서적들을 탐독하고 감정 코칭을 받으며 나 자신을 이해하고 훈련할 수 있었다. 그러나 한 번의 책 읽기로 오랫동안 내 몸에 남아 있는 감정의 습관들은 쉽게 고쳐지지 않는다. 수없이 반복적인 독서로 몸에 새겨진 습관들을 씻어내고 바꾸어가야 한다.

얼마 전 한 지역 시민 센터에서 '자신의 퍼스널 컬러 찾기'라는 강좌를 3개월 수강한 적이 있다. 과거에 '색 테라피'라는 상담 수업을 들은 적이 있기에 이 강좌는 색을 어떤 관점에서 풀어 갈지 궁금했다. 자신의 퍼스널 컬러를 찾기 위해서 미용, 패션계에서는 이미 많이 적용하고 있었다. 초중고에서 수업도 이루어지고 있었다. 많은 사람들은 자신만의 색깔, 즉 퍼스널 컬러를 찾으면서 자존감을 높일 수 있었다고 고백했다.

퍼스널 컬러를 공부하면서 빨간색이 그냥 한 가지가 아님을 알 수 있었다. 빨간색에도 정말 다양한 빨간색이 존재했던 것이다. 이 차이를 아는 사람과 모르는 사람은 세상을 보고 누리는 감각도 달라질 것이다.

감정에도 색깔이 있다. 감정에 대해 공부하면서 정말 다양한 감정이 있다는 것을 알게 되었다. 사전에는 수백 개 이상의 감정이 있다고 한다. 그러나 우리가 평상시에 쓰는 감정은 정말 몇 개 안 된다. 시중에 나와 있는 감정 카드도 보면 60여 개뿐이 되지 않는다. '화가 난다'는 감정 속에는 사실 더 다양하고 미묘한 감정들이 있는데, 우리가 쓰고 있는 감정의 언어는 너무 한정적인 것이다.

그래서 감정 코칭하는 분들은 감정 카드를 벽에 붙여 놓고 보면서 하나씩 사용하는 연습을 하라고 조언한다. 안 쓰는 근육을 쓰려고 하면 힘이 드는 것처럼 감정의 근육도 안 쓰면 줄어들지만 쓰면 쓸수록 붙는다. 언어를 갖고 다양한 언어를 쓸 수 있다는 것은 그만큼 내 존재가 풍성해지고 자존감을 단단히 세우는 길이다.

무엇이 여자를 분노하게 하는가

아이를 낳고 일터에서 연차가 높기 전에는 '여성'이라는 것을 인지하지 않고 살았다. 그러나 육아를 시작하고 남성과의 뭔가 다른 처지를 느끼게 되면서 내 존재는 약해지고 상처받기 시작했다. 조직에서 연차가 높아지기 시작하면서 조직에서 여성인 나는 늘 소수자에 속했다. 그러면서 작은 것에도 더 예민한 내가 되어갔다.

한 지역의 남성 대표와 통화한 일이 있다. 그는 대뜸 "당신은 어떤 선배 여성과 같지 않다."라는 말을 했다. 즉 '왜 그 여성 선배 같이 하지 않는가?' 하는 말이었다. 순간 '어떻게 이런 말을 할 수 있지? 내가 왜 그 선배 여성과 비교를 당해야 하지?' 하면서 무척 당황하고 화가 났던 경험이 있다. 우리 조직에 상위 여성 리더십의 모델은 사실 정말 하나둘 손꼽힐 만큼 적었다.

그 지역 남성 대표가 말하는 선배 여성은 일을 그만둔 지 오래되었지만 정말 모성이 강한 엄마 같은 리더십이었다. 한 사람을 정말 집착할 정도로 깊이 품고 이끌었지만, 그녀가 퇴직한 후 그로 인한 성취와 함께 후유증도 있음이 드러난 상황이었다. 그런데 '왜 내가 그녀와 비교되어야 하지?' 하는 마음이 너무 올라왔던 것이다. 반면 나는 겉으로는 여릿여릿해 보이지만 사실은 매우 독립적이고 털털한 면이 있다. 어쩌면 여성이지만 외형적으로는 보통 남성성이라고 말하는 형태의 리더십이라고도 할 수 있다.

조직에서 여성 리더십 모델이 없으니 유일한 그 여성 선배와 나를 비교하면서 나만의 독특한 리더십을 비하하는 말을 들었을 때 속이 상했다. 겉으로는 여성 리더십을 외치지만 이것이 남성이 가진 생각의 한계라는 것을 느꼈다. 여성성을 가진 남성 리더십도 있고, 남성성을 가진 여성 리더십도 있다. '여성은 이래야 한다는 것'은 고정 관념일 뿐이다.

이해가 부족한 조직 문화 속에서 늘 소수자였던 나는 독립성이라는 기질을 포장 삼아 늘 괜찮은 척했다. 아니 어쩌면 '독립성'도 남성이 가득한 이곳에서 살아남기 위한 나만의 생존 전략이었을지 모르겠다. 그러나 나는 상처받았고 정말 이 모든 것을 내려놓고 싶었다.

『무엇이 여자를 분노하게 하는가』의 저자 해리엇 러너는 "남성의 분노는 남의 탓으로 돌리는 폭력(투사)으로 여성의 분노는 자기 탓으로 내면화하는 우울(내사)로 나타난다."라고 말한다. 분노를 느끼고 표현하는 것을 얼마나 심하게 금기시해왔던지 여성들은 자신이 화가 나 있다는 사실조차 잘 알지 못한다는 것이다. "분노는 뭔가가 잘못되었다는 메시지, 우리가 상처받고, 권리를 침해당하고, 욕구와 바람이 무시당하고 있다는 메시지."라며, "우리의 자아가 우리의 믿음과 가치와 욕망이 너무 심하게 훼손되고 있다는 경고."라고 말한다. 그래서 억압과 폭발이 아닌 건강하게 분노를 표현하는 것이 필요하다.

정말 도서관에서 이 책을 우연히 발견하고 읽었다. 이 책은 내가 힘든 이유를 알게 해주었고, 내 마음에 숨겨진 마음을 읽어주었고, 어떻게 저항하고 분노하며 행동해야 할지를 처방해주었다. 그동안 얼마나 내 안의 분노를 숨기며 살아왔는지, '좋은 여자 증후군'에 걸려 얼마나 내 자신을 지우며 살아왔는지를 직시할 수 있었다. 침묵은 아무런 변화도 일으키지 못한다. 나에게 시기적절하게 찾아와서인지 이 책은 나의 인생 책 목록에 올라 있다. 나중에 후배들에게도 추천해서 함께 읽기도 했다.

어릴 때는 상처를 그대로 흡수하며 그것을 컨트롤할 능력이 부족하다. 그러나 상처는 선택할 수 있는 것임을 어른이 되어 배웠다. 상처받고 내 존재가 약해질 때마다 나는 책으로 달려갔고, 책 속의 언어로 힘을 얻었다. 상처에 머물지 않고 타인이 규정짓는 목소리에 나를 정의하는 것을 선택하지 않기로 했다. 그렇게 독서는 상처받지 않을 것을 선택할 힘을 키워주었다.

02

내 안의 '어른 아이'를 만나다

자식에게 주는 가장 좋은 선물은
바로 당신 자신의 성장이다.

- 홍 페이윈 -

내 안에 '어른 아이'가 있어요

나는 겁 많고 소심한 아이였다. 내 바로 밑 동생은 나랑 연년생이다. 연년생이고 비슷한 체격을 가지고 있었기에 같이 다닌 적이 많았다. 어릴 때 무언가를 사려고 매장에 들어가서 무엇인가 물어볼 때, 난 늘 동생에게 책임을 떠넘겼다. 내가 주도적으로 무엇인가 묻고 따지는 것조차 두려웠기 때문이다.

『가족치유, 마음치유』라는 책을 보면 역기능 가정의 아이의 4가지 유형을 소개한다. 즉, 희생양, 영웅, 대리 배우자, 조용한 아이이다. 이들은 불안한 환경에서 정서적으로 살아남기 위해서 파괴적인 역할을 맡는다. 나는 조용한 아이였다. 상처로부터 철저히 내 자신을 보호하기 위해서 나의 존재감은 없어야 했다. 늘 친한 친구들은 있었지만, 그 무리에 있을 때만 안전함을 느꼈다. 철저히 그들 속에서만 존재했지 그 이상 내 자신을 드러내는 것을 스스로 막았다.

『관계의 가면』이라는 책에는 상처로부터 자신을 보호하기 위해 사람들은 6가지 관계의 가면을 쓰고 살아간다는 말이 나온다. 즉, 회피자, 비껴가는, 자기 비난자, 구세주, 공격자, 영적인 해석자 가면이다. 나는 문제를 피하는 회피자와 지적인 형태로 자신을 방어하는 영적인 해석자 유형에 가깝게 살아온 것 같다. 생존을 위해 유년기에 익힌 대처 기제는 결국 견고한 요새가 되어 자신 안에 있는 자유와 능력을 제한한다. 이들은 다양한 방어기제나 가면을 쓰면서 진정한 자신을 숨긴 채 어른 아이가 되어버린다.

어른 아이란 너무 일찍 어른과 같이 생각하고 행동하는 아이다. 이들은 재미있는 시간을 보내는 데 어려움을 겪으며, 부모에 의해 양육을 받기보다는 부모를 돌본다. 너무 일찍 자신의 기본적인 필요들을 스스로 돌보며, 혼자 두려움을 감내한다. 자신을 너무 심각하게 받아들이며, 친밀한 관계를 맺기를 어려워한다. 또한 지나치게 책임을 지려 하거나 무책임하고 처음에 계획한 것을 끝까지 이행하는 것을 어려워한다.

어른 아이가 되는 이유는 너무 일찍 돌보는 사람이 되는 경우다. 가족 중 알코올이나 도박 중독이 있거나 어머니가 우울증에 걸리는 경우다. 이때 가정의 어른들은 아이의 육체적, 정서적 필요를 제대로 채워주지 못할 수 있다. 그래서 아이는 돌보는 사람이 되기로 결심함으로 자신의 어린 시절을 상실해버린다.

학대로 인해서도 어린 시절을 상실할 수 있다. 육체적, 성적, 정서적 학대는 아이를 방어적으로 만든다. 아이는 두터운 갑옷을 입음으로 어린 시절의 순수한 신뢰감을 잃어버린다. 그 외에도 큰 트라우마를 겪은 후 감정을 차단하고 억눌러버리거나 너무 힘든 가정환경에서 살아남으려는 몸부림 속에서 자아는 상실하고 너무 일찍 어른이 되어버린다.

내가 스스로 떠맡은 역할에서 벗어나고 덧씌운 가면을 과감히 떼어내는 데 오랜 시간이 걸렸다. 많이 자유로워졌지만 여전히 노력 중이다. 좋은 책들은 방어기제와 내 가면을 볼 수 있는 거울이 되어주었다. 독서로 내 자신을 자각하고 성찰해갈 수 있었다. 그리고 진정한 자아를 찾아가며, 주도적이고 독립적인 여성으로 변할 수 있었다.

대한민국 워킹맘이라면 육아는 전쟁과 같을 것이다. 육아가 힘들 거라는 것은 예상했지만, 정말 이 정도일 줄은 몰랐다. 잠과 시간, 나 자신과의 싸움의 연속이었다. 결혼 전 쌓아갔던 나의 자존감과 나 자신에 대한 신뢰는 서서히 깨져가고 퇴행하는 느낌이었다. '이것뿐이 안 되는 인간이었나', '내 인격의 수준이 실체를 이렇게 보는구나.' 등의 온갖 생각과 씨름했다.

애니어그램에 관련된 책을 읽다가 한 문장을 만났다. "육아는 자신의 어린 시절을 모두 불러온다"는 말이었다. 정말 공감을 하며 밑줄을 쫙 그었다. '나만 이런 게 아니었구나.'라는 공감과 함께, 육아라는 극단의 한계 상황 속에서 나는 내 자신을 새롭게 직면하고 변화해가야 했다.

좋은 부모는 아이의 눈높이에서 말장난 쳐주고, 아이와 함께 재미있는 시간을 보낸다. 아이 그 모습 그대로를 끊임없이 감탄하며 인정과 칭찬해주기를 멈추지 않는다. 아이의 실수에 불안해하지 않고, 잘 웃으며, 친밀한 관계를 형성해갈 줄 안다.

그러나 나는 이 모든 것에서 기준 이하였다. 아이에 대한 책임감만 가득했지 아이와 정말 재미있게 놀아주는 것도 힘들었고, 아이와 함께 하는 그 순간을 온전히 만끽하는 것도 쉽지 않았다. 아이가 실수하면 기다리고 참아주기보다 잔소리가 먼저 튀어나왔고, 아이와의 깊은 애착을 형성해가는 것 또한 불편해했다.

육아 전에 내 안에 많은 치유와 변화가 일어난 것은 사실이다. 그러나 더욱 강제로 밀착할 수밖에 없는 아이와의 관계에서 나는 또 다른 시험대에 오른 것이다. 나의 의도와 상관없이 나의 세계로 끊임없이 쳐들어오는 아이는 나에게 또 다른 변화의 도약을 요청하고 있었다.

어른 아이에서 벗어나기

나는 아이로 인해서 내 존재의 한계를 경험했고, 더 깊숙이 나의 실체를 직면했다. 아이는 나에게 선생님이었다. 아이와의 관계는 나에게 다시 질문을 던져주었고, 그 질문을 해결하기 위해 책으로 달려가게 만들었다. '육아는 이렇게 해야 한다.'라고 친절하고 세심하게 알려주는 사람을 가까이서 찾기 힘들었다. 아니 일하는 엄마로서 사람을 만날 시간과 에너지의 여력이 없었다고 해야 하나. 책은 시공간을 떠나 언제든 쉽게 접근할 수 있는 도구였다. '아이와 어떻게 놀아야 하는지', '어떻게 친밀한 소통을 할 수 있는지', '더 다양한 감정을 표현하려면 어떻게 해야 하는지' 등 많은 책들을 읽으면서 위로와 공감, 해결책을 얻을 수 있었다.

물론 한 권의 책을 읽는다고 갑자기 달라지지 않는다. 내 몸에 새겨진 습관은 그렇게 쉽게 바뀌지 않는다. 우리가 일정한 영양소를 섭취하고

20여 년 간 완성된 어른의 몸을 갖는다고 해도 그 이후에도 계속 매일의 음식 섭취가 필요하다. 여러 이론으로 무장하고 튼튼한 자아를 만들었다고 해도 세상은 매일 많은 에너지를 앗아간다. 그러하기에 좋은 글과 생각의 섭취는 매일 필요하다.

어떻게 어른 아이에서 벗어날 수 있을까? 우선 혼자만의 힘으로 극복하기 어렵다는 것을 인정하자. 세상에는 정말 다양한 자원들이 있다. 그런데 '내 힘으로 할 수 있다'는 고집으로 그것들을 사용하지 않는다면 그것만큼 안타까운 것도 없다. 특히 책 속에 있는 다양한 지식과 사람들의 이야기는 당신의 어린 시절의 상실을 회복할 수 있도록 도움을 줄 것이다. 혼자 읽고 실천하는 것이 어렵다면, 책과 함께하는 모임은 당신에게 든든한 지원군이 되어줄 것이다. 그 공간은 자신의 이야기를 마음껏 풀어내고 새로운 자아를 형성하는 데 큰 힘이 되어줄 것이다.

당신의 과거를 직면해라. 당신이 직면했던 고통과 문제를 부인하지 않도록 해라. 자신에게 일어난 일을 있는 그대로 이해하고 인정하는 것이 필요하다. 이것은 쉽지 않다. 자신의 부모이기에 사연 많은 그들의 문제를 덮고 이해하고 싶어 한다. 그러나 이를 인정한다고 해서 부모를 이해하지 않거나 모든 탓을 그들에게 돌리는 것이 아니다. 인정할 때 변화가 시작된다.

잃어버린 부분들을 돌아보라. 재미있는 시간들을 잃어버렸다면 재미있다고 생각되는 것들을 생각해보고 시간을 내어 그것을 해보라. 과거에 잘 놀지 못했다면 당신 자신에게 놀이를 허용해라. 육아는 이를 실습해볼 수 있는 최고의 환경이다. 육아를 하는 중에 자신의 어른 아이를 다시 만났다면, 육아는 자신의 아이처럼 당신도 어린 시절의 당신으로 돌아가 자신을 풀어놓을 수 있는 시간이 된다. 아이가 어떻게 노는지 아이에게 배워라. 그 시간은 당신에게 치유의 시간이 될 것이다.

그리고 아이와 같은 성품을 계발해라. 어린이는 잘 놀고 잘 웃고 잘 믿고 걱정하지 않는다. 너무 일찍 남을 돌보고 책임감을 가지고 살아온 사람들은 이런 성품이 계발되지 못했다. 이런 성품을 가진 사람들이 아마 부러울 것이다. 어린아이 같은 성품의 소유자가 옆에 있다면 더 도움이 될 것이다. 당신의 내면에 가꾸기 원하는 아이의 성품을 적어보고 계발하도록 노력하라.

03

완벽해야 한다는 거짓말에서 벗어나다

온전하다는 것은 완벽하다는 의미가 아닙니다.
깨진 부분도 온전히 수용한다는 뜻입니다.

– 파커 파머 –

어떻게 번아웃에서 벗어날 수 있을까?

연세대 문화인류학과 교수인 『페미니즘 라이프스타일』의 저자는 20~40대 여자들의 고단함에 관해서 이야기하고 싶어 책을 썼다고 말한다. '여성들의 삶이 유독 더 고단하고 쉽게 번아웃되는 이유는 도대체 무엇일까?'라는 문제의식을 가지고 이 책을 풀어간다. 이를 위해서 저자는 현재 한국 여성들의 일, 삶, 관계를 둘러싼 복합적인 사회 구조적 조건을 먼저 분석한다.

한국 사회에서 남성들도 번아웃을 경험하지만, 저자는 여성들이 왜 더 그런 감정과 상태를 경험할 수밖에 없는지 그들이 놓인 사회적 현실들을 낱낱이 고발한다. 기울어진 운동장에서 여성들이 유일하게 자기를 입증하는 방법은 남성의 1.5배의 노동을 하면서 현 상황을 버텨나간다는 것이다. 저평가된 노동 환경 속에서 인정받고 살아남기 위해서, 감정 노동을 하고 가짜 친밀성을 연출하면서 말이다.

여성들이 처한 사회적 조건을 이해하고 변화시켜가야 하지만 여성 스스로도 노력해야 한다. 사회에서 자신의 위치를 차지하기 쉽지 않은 여성들은 오랜 과거부터 가정에서 어머니라는 이름으로 자신의 정체성을 획득하려고 했다. 이것이 고부간의 갈등으로 이어지기도 하고, 현재는 헬리콥터 맘, 캥거루 맘이라는 이름으로 자신의 독립적 정체성이 아닌 아이에게 전 삶을 투자하는 형태로 드러난다.

돌봄은 사회 문화적으로 여성들에게 더 많이 부여된 과제였다. 그래서 돌봄은 여성에게 더 개발되었을 것이다. 일하는 엄마는 '돌봄'으로 무장해서 일터와 가정에서 과로한다. 사회에서 제대로 인정받지 못한 결핍이 '착한 여자'와 'YES맨'으로 포장되어 번아웃에 이르게 된다. 사회 구조적으로 여성이 처한 현실이 이유가 되기도 하지만 여성 스스로의 선택으로 번아웃에 이르는 것이다.

특히 돌봄에 능숙한 여성들은 이런 과부하의 방식을 버려야 한다. 자녀 또는 남편, 또 다른 지인들이 스스로 할 수 있고 또 마땅히 해야 할 일을 대신해주고 있다면 그것은 선을 넘고 있는 것이다. 과도하게 일하는 사람들은 자신은 물론이고 다른 사람들의 성장마저 가로막기 때문이다.

이 번아웃의 밑바닥에는 또한 '완벽해야 한다'는 생각이 자리 잡고 있다. 여성이 처한 사회적 조건, 인정 욕구와 착한 여자 증후군은 완벽주의로 드러난다. 일터와 가정 모든 곳에서 모든 사람에게 완벽해야 한다는 생각은 자신과 다른 이의 피를 말리는 끔찍한 일이다. 그리고 절대 달성할 수 없는 꿈같은 것이다.

must가 아닌 want의 나로 살라

당신은 must의 삶을 살고 있는가? want의 삶을 살고 있는가? 누구나 want의 삶을 원할 것이다. 그러나 실제 우리 삶들을 되돌아보면 must의 삶으로 가득 차 있는 것을 발견할 수 있다. 무엇이 그런 삶을 재촉한 것일까? '남자는 이래야 해, 여자는 이래야 해, 아이들은 이래야 해, 엄마라면 이래야 해.' 등의 수많은 목소리들이 우리 삶을 규정짓는다. 그것은 내면의 목소리를 잠재우고, must로 자신의 삶을 채워가게 한다. 그러다 어느 순간, 공허함과 무기력함을 느끼게 되는 것이다.

그렇다고 must의 삶이 무조건 나쁘다는 말은 아니다. 우리는 암묵적인 사회적 규칙을 지키며 살아가는 공동체이다. 그러하기에 want의 삶을 살겠다고 다른 이에게 해가 되거나 불편을 주는 행동은 피해야 한다. 각자 주어진 사회적 위치 속에서 어느 정도 성실히 역할을 감당해가야 한다. 그러나 must가 지나쳐 want의 나를 구속하게 되면, 삶의 의미를 잃고 살아갈 활력을 잃어버리게 된다. 또 중년의 위기를 맞이하게 되기도 한다.

『1년 후 내가 이 세상에 없다면』의 저자는 정신의학과 의사로 암과 마음을 동시에 치료하는 전문의다. 그는 주로 암 환자와 가족들을 대상으로 심리 치료를 진행한다. 죽음에 직면한 환자들에게 주어지는 한 가지 선물이 있었는데, 그것은 정말 '나답게 사는 길'을 찾게 되는 것이다. 죽음 앞에서야 인생의 진짜 소중한 것을 분별할 수 있게 되는 것이다.

저자도 여러 암 환자들을 만나면서 자신의 삶의 방식을 성찰하며 인생의 소중한 것을 알게 되었다고 고백한다. 평상시 우리는 죽음을 잘 생각해보지 않는다. 바쁘게 하루하루를 살다 보면, 지금을 살아가는 것도 버겁다. 죽음 앞에 가서야 나다운 것을 발견하는 것만큼 후회되는 것도 없을 것이다. 잠시 여유를 내어 미리 죽음을 응시하는 것은 후회 없는 '나다운 삶'을 발견하는 시작이 될 것이다.

우리에게 부과된 수많은 must는 거짓 의무일 수 있다. 죽기 직전이 아닌 지금 당장 후회하지 않을 나만의 버킷리스트를 작성해보라. 완벽주의가 있는 사람은 이 또한 겁을 낸다. 완벽히 준비되지 않으면 시도조차 해보지 않는다. 실패에 대한 두려움이 많기 때문이다. 완벽주의라는 무거운 무게를 내려놓고 이제 나만의 want를 찾아서 자유롭게 자신의 버킷 리스트를 써보는 거다. 이루어질까 안 이루어질까 걱정하지 말고, 마음껏 꿈꾸고 도전해보자. 우선 적는 데서 그것은 시작한다.

완벽하지 않아도 괜찮아

완벽주의의 기저에는 '실수하면 안 된다'는 강박 관념이 존재한다. 그 속에는 모든 사람들에게 사랑받고 인정받아야 한다는 생각이 들어 있다. 자신에 대한 존재감을 거기에 기댄다. 있는 그대로 충분한 자신을 인정하지 못한다. 다른 사람의 시선에 기댄 자존감은 수시로 오르락내리락한다. 그래서 하루에도 다른 사람들의 말과 시선 하나로 수백 번 감정의 높낮이를 경험하기에 늘 불안해한다.

모든 사람에게 사랑받아야 한다는 것은 대표적인 비합리적인 신념 중하나다. 마찬가지로 완벽해야 한다는 것 또한 비합리적이다. 우리는 모든 사람에게 사랑받을 수 없을 뿐더러 절대 완벽할 수도 없다. 완벽해야하고 완벽할 수 있다는 생각은 것은 완벽한 거짓말이다. 이것이 거짓말임을 인지하는 것만으로도 자유와 해방감을 느낄 것이다.

내가 완벽해지려고 기준을 날카롭게 세우면, 그 칼날은 다른 이들에게 도 가차 없이 적용된다. 내 기준에 비하면 다른 이들의 행동이 다 못마땅한 것이다. 그래서 실수를 참아주기 힘들게 되고, 그것은 말과 행동, 표정과 눈빛으로 어떤 식으로든 드러나서 상대방에게 전달된다. 그러면 그 관계는 조금씩 틀어지게 된다. 내가 세운 잘못된 기준이 알게 모르게 상대방을 해하고 그의 자존심까지 다치게 하는 것이다.

이러한 거짓말은 타인의 시선에 얽매여 나답게 살지 못하게 한다. 얼마나 많은 사람들이 이 거짓말에 오랫동안 머물며 자책감과 우울감에서 헤어 나오지 못하고 있는가. 특히 착한 여자 증후군이 있는 여성들과 과도한 애정을 아이에게 퍼붓는 엄마들은 늘 타인을 인식하면서 자신을 잃어버린다.

나는 이 사실을 깨닫고 착한 엄마, 좋은 아내로 사는 것을 포기하기로 했다. 최선은 다하겠지만 집과 일터에서 슈퍼우먼이 되는 것을 그만두기로 했다. 나는 원래 깔끔한 것을 좋아하고, 정리가 되어 있지 않으면 불안해했다. 그러나 이제는 내 에너지에 한계가 있음을 인정하고, 나를 지키기로 결정했다. 때론 청소도 대충 했고, 싱크대에 설거지 거리들이 쌓이는 것을 그냥 놔두기도 한다. 거절하는 것을 두려워하지 않기로 했고, 남의 눈치를 보며 노심초사하는 것도 그만두기로 했다. 혼자 다 책임지지 않고 남편에게 수시로 요청했고, 남편에게 아이를 맡기고 보름 이상 혼자 여행을 가기도 했다.

일터에서 책임자의 위치에 있다 보니 이런저런 소리를 듣기도 한다. 또 다양한 사람을 만나지만 모두가 다 내 맘 같거나 쉽게 친밀해지는 것은 아니다. 어떤 이는 아무리 노력해도 거리가 잘 좁혀지지 않는다. 처음에는 이 모든 것을 내 탓으로 돌리고 내 책임으로 끌어안았다. 그러나 모든 이에게 사랑받고 완벽해지려는 생각 자체가 거짓말임을 깨닫고 나니 자유로워졌다. 나는 절대 완벽한 엄마도 완벽한 사람도 될 수 없었다.

완벽주의자들은 자신이 통제할 수 없는 것까지 모두 끌어안고 있으려고 한다. 그래서 과도한 책임감과 죄책감으로 짓눌린다. 통제할 수 있는 것도 있지만 그렇지 못한 것들도 많다. 통제할 수 있는 것들에는 최선을 다하라. 그러나 그렇지 못한 것에 대해서 과도하게 내가 끌어안고 있을 필요가 없다. 통제할 수 있는 것에만 집중하면 시간과 에너지를 아낄 수 있다. 통제할 수 없는 것을 바꾸려 자신의 자원을 낭비하지 말라. 통제할 수 있는 것을 바꾸어가는 것만으로도 충분히 당신의 인생을 변화시킬 수 있다.

번아웃, must의 삶, 비합리적 신념 등은 완벽주의의 증상들이다. 비합리적 신념을 바꾸고, 지금 당장 want의 나에게 귀 기울이고, 자신의 존재감을 타인의 인정과 시선에 기대어 과도한 노동으로 번아웃에 더 이상 빠지지 말자. 당신은 소중하다. 당신 스스로 자신을 혹사시키지 말자. 당신은 완벽하지 않아도 세상에 하나뿐인 아름다운 사람이다.

04

이제부터 착한 여자 그만두겠습니다

자신을 보살피는 것은 이기적인 게 아니라
나를 지켜내는 노력이자 정치적인 싸움이다.

- 오드리 로드 -

착하면 되는 줄 알았다

"건강한 부모 밑에서 자란 아이는 자신이 무엇을 느끼는지, 무엇을 원하는지 자연스럽게 아는 힘을 갖게 됩니다. 그리고 부모님을 실망시키면 어쩌나, 사랑받지 못하면 어쩌나 하는 두려움 없이 자신의 감정을 느끼고 욕구를 표현합니다.

반면 어린 시절 학대를 당하거나 방치된 사람들은 자신의 감정을 수치스럽게 여겨 스스로 억압합니다. 부모나 양육자로부터 자신의 정서나 느낌이 무시되는 경험을 해왔기 때문입니다."

『파리의 심리학 카페』에 나오는 내용이다.

어린 나는 가족 분위기를 흡수하면서 조용하고 눈치 있는 착한 아이로 자라갔다. 나는 가정에서도 그리 존재감이 없었다. 아니 나 스스로 존재감이 없는 아이로 나의 역할을 정했던 것을 심리학을 공부하며 알게 되었다. 약간의 몽상가적 기질도 한몫했던 거 같다. 회피와 무관심의 방어기제로 나를 꽁꽁 싸맸다.

나는 목소리 없는 사람으로 나를 그렇게 감추어야지만 살 수 있을 거 같았다. 그런 내 내면은 차가움과 무미건조함, 우울함만이 남아 있었다. 부모님은 너무 바쁜 나머지 자녀들에게 먹여주고 재워줄 뿐 선한 자극을 많이 주지 못하셨다. 공부하라는 말도 한마디 하지 않으셨다. 지금 이렇게 책을 좋아하는 것으로 봐서, 그때 조금 더 자극을 주시거나, 책 읽는 환경을 만들어주셨다면 나는 아마 문학소녀로 자라지 않았을까 하는 생각이 들었다.

나는 착한 어린이였다. 부모님의 맞벌이로 나는 초등 저학년 때부터 바쁘신 부모님을 대신해서 밥하는 법을 배웠다. 부모님이 오시기 전에 미리 밥을 지어놓았고, 세 동생과 함께 집을 지켰다.

초등 6학년 때는 친한 한 친구의 제안으로 둘이서 수혜 돕기 기금을 모으기로 했다. 지금 생각해보면 어린 나이에 그런 생각을 실천에 옮겼던 것이 대견하게 느껴진다. 종이 박스를 만들고, 집집마다 돌아다니면서 천 원, 이천 원씩 모금을 했다. 당시에는 그래도 문을 열어주고 후원까지 해주는 따뜻한 집들이 많았다.

그렇게 모은 몇 만 원을 내가 사는 지역의 KBS 방송국에 갖다주었다. 방송국에서 학교에 연락을 하셨는지, 우리 담임 선생님은 그런 일을 한 학생을 알고 있으면서도 모른 척하며 누가 했는지 물어보셨다. 그 일 때문인지는 모르겠지만 나는 초등 졸업식에서 '착한 어린이상'이란 것도 받았다. 지금도 내가 왜 받았는지 모르겠지만 말이다.

그리고 중학교 1학년 때인 것으로 기억하는데, 눈이 오는 추운 크리스마스이브에 친구들과 시장에서 초콜릿을 포장해 팔아 기부하기로 했다. 그리고 그날 우린 밤새 놀았다. 대학교 1학년 때는 누구나 하듯 여러 동아리를 기웃거리면서 따지고 묻지도 않은 채 가입을 했다. 그리고 그중한 봉사 단체에 안착해서 한 학기 동안 열심히 활동을 했다. 내 DNA에 착함이 심겨져 있는 듯했다.

『90년대생이 온다』라는 책은 90년대생과 80년대생 세대가 겪은 시대적 아픔 속에 왜 그들이 그렇게 행동할 수밖에 없었는지에 대한 설명을 담고 있다. 우리 모두는 시대적 영향을 받으면 살아갈 수밖에 없다. 그 시대의 흔적은 우리 몸속에 뚜렷이 남아서 우리 일상의 많은 부분에서 드러난다.

내가 속했던 세대는 X세대라고 불리었고, 자유로운 문화적 수혜를 받은 첫 세대가 아니었을까 한다. 자유와 일탈을 꿈꾸는 그 유명한 서태지가 인기를 한 몸에 받았던 시대였다. 몇몇 남아 있는 80년대 복학생 선배들의 이야기 속에 등장하는 투쟁이나 데모 이런 것은 전설 속 이야기일 뿐이었다. 그러나 오랜 시간 주입식 교육을 받아와서인지 나에게 주어진 자유를 마음껏 책임감 있게 사용하기에는 버거웠다. 착한 아이로 자라나는 어른이 된 나는 그 자유가 힘들게 느껴졌다.

그리고 대학 1학년 어느 날 허무감이라는 감정에 대면했다. 그냥 주어진 대로 살아왔고, 대충 맞추어 대학도 들어갔고, 여러 가지 기회를 따라 동아리 활동들도 넓혀갔지만, 나는 충만하지 않았다. 채워지지 않은 욕구가 나를 힘들게 했다. 공부할 이유도 살아갈 이유도 없었기에 내 삶의 에너지는 바닥이었다.

'회피'는 내가 살아가는 하나의 방식이었고, 성실하고 책임감 있게 살았지만, 정해진 길을 걸어가는 수동적인 삶을 살아왔다. 한 번도 내 삶에 대해서 질문을 던져보거나, 이유를 따져 묻거나, 반항이라는 것도 하지 못했다. 뒤늦은 사춘기였다. 그렇게 나의 대학생활은 질문에 질문이 이어지는 삶이었다. 부모에게 반항이라는 것도 해보고, 일탈도 해보고, 내 맘대로 결정도 내려보고, 내가 하고 싶은 것을 그냥 해버리기도 했다. 그렇게 나라는 존재가 누구인지를 찾아가고 있었다. 그렇게 조금씩 '착한 아이'라는 딱지를 서서히 떼어가고 있었다.

착한 여자를 그만두기로 하다

『착한 여자가 더 상처받는다』를 쓴 라이이징은 정신과 전문의이자 의학박사이다. 그녀는 "우리는 모두 가족을 사랑하며 살고 싶다. 하지만 희생하고 감내하는 것이 사랑은 아니다."라고 말한다. 그리고 "착하기만 하는 여자는 사랑을 받기보다 끊임없는 요구와 통제를 받는다."면서 "착한 여자가 되어야 한다는 속박에서 벗어나야 한다."라고 주장한다.

여성들은 결혼과 육아, 집안의 요구, 그리고 일터에서까지 너무 많은 요구로 인해서 번아웃, 우울 등의 정서를 수시로 경험하며 지쳐 있다. 정신과 의사였던 라이이징도 전통 관념에 따라 현모양처와 착한 며느리 역할까지 완벽하게 해내겠다는 욕심이 있었다고 한다. 그러나 어느 날 육체와 정신이 너무 피폐해진 자신을 발견하고 정신을 차린다.

저자는 수많은 여성들을 만나면서 자신과 이런 비슷한 증상들을 발견한다. 여성으로 느낀 자신의 경험을 녹여내고 정신과 전문의로서의 냉철한 분석을 이 책에 담고 있다. 한국 사람의 사례들도 아닌데 여성들의 삶은 어찌 이리도 비슷할까. 가부장과 권위적인 요소들이 많이 무너지고 있지만, 아직도 주변의 요구에 함몰된 채 나답게 살지 못하는 경우가 많은 것 같다.

저자가 새롭게 정의한 '착한 여자'는 '자신의 삶을 잘 살아가는 사람'이다. 그래서 "자기 자신에게 너무 많은 요구를 하지 말자."라고 말한다.

　어느 작은 소모임에 참여한 적이 있었다. 그날은 각자 준비해온 음식을 먹고 시작하기로 했다. 나는 조금 늦게 도착을 했다. 한 분이 삼겹살을 가지고 오셔서 불판을 준비하고 여러 야채를 손질하고 있었다. 그런데 유일한 남자분은 소파에 누워 쉬고 있었다. 평등을 추구하는 나는 그런 게 또 눈에 들어온다. "이리 누워 계시면 안 되죠." 그 남자분은 바로 일어나셔서 고기를 구워주신다. 많이 해본 솜씨였다. '그렇게 잘 구우면서….'

　고기를 먹으면서 어떤 맥락의 이야기인지는 잘 기억이 나지는 않지만, 다리미질 이야기가 나왔다. "저희 집은 자기 옷은 각자 다려요." 그런데 그 순간 그 남자분은 지나가는 말로 "이기적이야."라고 한마디하신다. 나는 또 한 번 자기 검열에 들어간다. '내가 정말 이기적인가, 내가 나쁜 여자인가, 남편도 나도 일하지만 집에서는 내가 훨씬 많은 일을 책임지고 감당하고 있는데 다리미질 하나 각자 다린다고 내가 이기적인가.' 순간 약간의 억울함과 화가 올라와서 따지고 싶었지만 만난 지 얼마 되지 않은 분이라 참기로 했다.

　명절 때도 여전히 남녀 구도로 나뉘어 일하는 풍경은 불편하다. 나는 일부러 음식도 잘 안 만들고 설거지도 안 하려고 한다. 사실 그것은 그리 어려운 것은 아니다. 나는 손이 빠르기에 뚝딱 할 수 있다. 그러나 사위들이 상 차리는 정도만 감당하고 음식 만드는 것을 도와주거나 설거지를 하지 않을 때 사실 화가 난다. 한번은 친정아버지도 사위들은 다 앉아 있으라고 하시면서 딸들에게만 이런저런 요청을 했을 때 정말 화가 나서 집에 가버린 적도 있다.

너무 오랜 시간 가정과 일터에서 착한 여자로 살았다. 아니 착한 여자인 척했다. 그러나 난 착하지 않다. 나의 욕망은 절대 착하지 않다. 이제 착한 여자로 살기를 그만둘 것이다.

05
___

마음에도 책밥이 필요하다

독서는 일종의 탐험이어서 신대륙을 탐험하고
미개지를 개척하는 것과 같다.

– 존 듀이 –

책은 엄마다

『이기는 독서』의 저자 김도인은 "책은 엄마다."라고 했다. 엄마는 어떤
존재인가. 우리의 필요와 욕구를 보살피고 한없이 채워주는 상징적 존재
로 평생 남아 있는 분이다. 책은 엄마와 같다. 책을 읽을 때 우리의 끝없
는 욕구를 채움 받기 때문이다. 우리는 엄마의 사랑을 조건 없이 받는 것
처럼 책을 읽을 때 한없는 보살핌과 사랑을 받는다.

매슬로의 욕구 다섯 단계를 한 번쯤 들어봤을 것이다. 가장 아래서부
터 생리적 욕구, 안전에 대한 욕구, 애정과 소속에 대한 욕구, 자기 존중

의 욕구, 자아실현의 욕구 순으로 올라간다. 가장 기초적인 생리적, 안전에 대한 욕구에서 결핍을 느끼면 그 위 단계인 자기 존중이나 자아실현의 욕구를 채워가는 데 어려움을 겪는다. 다섯 단계 중 아래 세 단계가 가정에서 충분히 채워졌다면 건강한 자존감을 가진 성인으로 자라난다. 그러면 자신에 대한 신뢰감을 바탕으로 자유롭게 자아실현을 해갈 수 있다. 그런데 어릴 때 부모가 그런 환경을 제공해주지 못한 경우에도 방법은 있다. 자신의 결핍을 독서로 채워가는 것이다.

부모를 잘못 만나면 인생에 큰 상처를 받고 어려움을 겪는다. 미해결된 상처를 안고 준비되지 못한 미성숙한 부모는 듣기 힘든 말의 폭격과 이기적인 감정 표출로 아이의 마음을 해친다. 아이는 그런 부모 밑에서 몸은 자랄 수 있지만 마음은 다치고, 정신적으로는 큰 결손을 낳게 된다.

그러나 책은 그런 리스크가 없다. 책에는 나쁜 말이 거의 없기 때문이다. 책은 자신의 어떤 모습도 받아주고 위로와 치유를 가져다준다. 내 마음의 빈자리가 어디인지를 알려주고 아낌없이 그곳을 채워준다. 나의 상태를 알려주고 어떤 해결책이 필요한지 처방해준다. 무기력하고 방황할 때 나가야 할 방향을 가리켜주기도 한다.

책은 안전한 엄마 품이 되어 흔들리는 어른들을 안전하게 붙잡아준다. 사랑과 보살핌이 고프고 흔들릴 때마다 엄마 품과 같은 책으로 달려가 보라. 그곳에서 세밀하고 친절하게 당신에게만 속삭여주는 엄마의 목소리를 들을 수 있을 것이다. 그 목소리는 당신에게 피와 살이 되어서 지친 마음과 몸을 달래줄 것이다. 때론 정신을 번쩍 차리게 하면서 옳은 길로 인도할 것이다.

매일 다섯 끼를 먹자

매일 다섯 끼를 먹자. 하루 세 끼로도 부족하여 다섯 끼를 먹자니 웬 말이나 싶을 것이다. 이것은 아침, 점심, 저녁 외에 운동과 독서를 말하는 것이다. 매일 음식을 먹지 않고 운동을 하지 않고는 건강을 유지하며 살아갈 수 없다. 마찬가지로 매일 독서를 하지 않는다면 마음과 정신은 건강하게 성장할 수 없다. 며칠 안 먹는다고 바로 죽지 않는 것처럼, 며칠 안 읽는다고 바로 어떻게 되는 것은 아니다. 그러나 건강한 음식과 꾸준한 운동을 하지 않는다면 빈약한 성장을 하게 된다. 마찬가지로 보이지 않는 마음도 독서로 매일 채우지 않는다면 즉각적으로 드러나지는 않지만 정신적으로 허약하게 되어 자존감과 삶에 큰 영향을 가져다줄 것이다.

외모가 탁월하고 몸은 튼튼하지만 마음과 정신은 비루한 이들을 보았을 것이다. 그런 사람은 단 몇 분만 만나도 피곤하고 매력이 확 떨어진다. 그 자리를 빨리 떠나고 싶다. 외모에 대한 투자만큼 자신의 보이지 않는 내면의 외모에는 투자하지 않은 것이다. 그러나 외모는 세상 기준으로 보면 부족해 보일지라도 만나면 평안해지고 힘이 되고 에너지가 되는 사람이 있다. 이런 사람의 마음과 정신은 충만하다. 매일 정신을 풍요롭게 채워간 보이지 않는 영향력이 사람들에게도 자연스럽게 흘러가는 것이다.

심각한 병에 걸리지 않고서야 '매일 밥 먹는 것이 힘들어요.'라고 말하는 사람은 없다. 사실 밥 먹는 것도 어릴 때 숟가락 잡는 법부터 해서 수없이 흘리기를 반복해서 얻은 기술이긴 하지만 말이다. 독서가 처음에 어려운 것은 당연하다. 그것은 뇌가 읽기에 적합하도록 태어나지 않아서이다. 인쇄술이 발달해서 누구에게나 책이 손에 쥐어지게 된 것은 500여 년뿐이 되지 않았다. 그래서 읽기에 적합하도록 뇌를 훈련해가야 한다. 일정 시간 읽는 훈련을 해간다면 뇌의 지도가 바뀌게 된다. 그러면 먹는 것이 자연스러운 것처럼 읽는 것도 자연스러워지는 순간이 온다. 먹는 것이 어렵지 않듯이 읽는 것도 어렵지 않도록 매일 읽는 습관을 들여라.

마음에도 책밥이 필요하다. 매일 마음 책밥을 주어라. 마음이 외롭지 않게, 정신적 허기가 생기지 않게 말이다. 몸과 마음의 건강한 성장은 당신을 더욱 힘 있고 매력 넘치는 사람으로 만들어줄 것이다.

입에는 달지만 배에 쓴

밥을 먹듯이 책도 먹어라. 밥은 몸속으로 들어가서 수많은 장기를 통과해서 영양소는 흡수하여 에너지로 삼고, 불필요한 것은 다시 배출한다. 책도 마찬가지다. 책밥을 먹으면 기분이 좋다. 하지만 그것이 정신을 살찌우고 마음을 채우려면 좀 더 단단한 과정이 필요하다.

'먹는다'는 은유는 성경에도 등장한다.

"내가 천사에게 나아가 작은 두루마리를 달라 한즉 천사가 이르되, 갖다 먹어 버리라 네 배에는 쓰나 네 입에는 꿀같이 달리라 하거늘, 내가 천사의 손에서 작은 두루마리를 갖다 먹어 버리니 내 입에는 꿀같이 다나 먹은 후에 내 배에서는 쓰게 되더라."(계 10:9-10).

은유로서 매우 탁월하다. 초대교회의 사도이자 목자인 성 요한은 천사에게로 가서 이렇게 말한다. "나에게 책을 달라." 천사가 그 책을 넘겨준다. "여기에 있다. 그 책을 먹어라." 그리고 요한은 책을 먹는다. 여기서 '먹는다'는 것은 어떤 뜻일까. 그냥 읽는 것이 아니다. 자신의 온몸에 흡수되고 소화시켜 또 다른 책으로 나올 정도로 씹어 먹는 것이다. 결국 성경의 마지막 책인 요한계시록이 그로 인해 탄생한다.

책을 먹는 것은 성 요한에게만 해당되는 것이 아니다. 우리 모두도 매일 책밥을 먹어야 한다. 먹을 때는 달지만 그것을 소화시켜가는 과정은 쓰다. 먹기만 하고 소화시키지 못하는 사람들도 많다. 그러면 언젠가 배

탈이 오는 것처럼 정신적 탈도 올 것이다. 많은 것을 읽어갔지만 뭔가 체한 듯한 느낌도 오고, 오히려 허무함과 무기력이 찾아오는 것이다.

입에만 단 것에 머물지 말고 배에도 쓴 과정을 통과해야 한다. 눈으로만 읽지 말자. 한 가지라도 내 삶에 녹여내는 연습이 필요하다. 하나라도 나의 것으로 만들어가야 한다. 이를 위해 읽지만 말고 기록해라. 책의 내용을 요약하고, 내 마음에 와닿는 문장들을 필사해보아라. 책이 던진 질문들에 나만의 답을 써내려가보고, 작가의 핵심 메시지를 나만의 언어로 정리해보아라. 글로 정리해보고, 영상으로 남겨보아도 좋다. 이런 과정은 책을 두세 번 읽는 효과를 낳을 뿐 아니라 자신의 몸에 체화하는 과정이 된다.

그러나 독서하기 쉽지 않다. 10대는 입시 준비하는 데 모든 에너지를 집중하고, 20대는 취업 전쟁으로 바쁘고, 30대는 일과 육아와의 전쟁을 치르느라 정신없고, 40대는 이른 퇴직과 제2의 인생을 준비하기에 여념이 없다. 저마다의 이유가 존재한다.

참으로 독서하기 어려운 한국 사회이다. 우리나라는 IT 강국이며 스마트폰 보급률도 세계 1위이다. 이런 환경은 정보 습득은 빠르나 긴 호흡의 독서는 방해한다. 그러나 정말 10대, 20대에 독서를 많이 해야 한다. 이 시기에 정신에 대해 많이 투자하고 생각하는 습관을 들여야 한다. 이 시기는 특히 자신의 정체성을 고민하고 정립해가는 시기이다. 몸이 어느 날 부쩍 커진 만큼 마음은 아직 어린 자신의 모습에 그 괴리를 더 크게 느끼는 시기이다. 지식과 정보 중심의 공부는 이러한 정체성 형성에 별로 도움이 되지 않는다.

30대 일과 육아 전쟁으로 스트레스를 받고 있는 부모들도 정신적으로 피폐해지기 쉽다. 처음부터 부모인 사람은 없다. 많은 시행착오를 겪어가고, 자신의 또 다른 모습을 직면해간다. 평생직장이 사라지고 40대부터 새로운 인생을 준비해가는 사람들이 많아지고 있다. 바뀌어가는 세상에서 새로운 기술을 끊임없이 습득해야 하기에 흔들림이 많을 수 있는 시기다. 50, 60 그 이후에도 자신이 살아온 날들, 그리고 계속 살아가야 할 날들을 바라보며 지식과 지혜를 축적해가며 자녀들에게 물질적 자산뿐 아니라 정신적 자산도 물려줄 준비를 해야 한다.

모든 세대가 그 시기마다 겪는 고민과 방황들이 존재한다. 그것은 한 번도 살아보지 않은 인생의 시기에 겪어야 하는 자연스러운 과정일 수 있다. 인생은 사계절처럼 끊임없이 변해간다. 인간은 그 속에서 부단히 자신을 형성해가는 존재이다. 다가오는 인생 시기마다 주어지는 과제들을 잘 수행해간다면 자존감이 높아질 뿐 아니라 그다음 시기도 그 기초 위에서 든든히 살아갈 수 있게 된다. 인생의 시기마다 주어진 과제들을 잘 수행해가기 위해서라도 우리 모두에게 마음 책밥이 필요한 것이다.

06

독서로 정말 자존감이 높아질 수 있을까

나의 언어의 한계는
나의 세계의 한계를 의미한다.

- 루드비히 비트겐슈타인 -

자존감과 언어

낮은 자아상은 좋은 언어를 많이 섭취하지 못했기 때문이다. 우리는 언어를 먹고 산다. 요즘 '말'을 주제로 한 책이 많이 나온다. 똑같은 내용이라도 말 한마디만 바꾸어줘도 상대의 반응은 확연히 달라진다.

요즘 조직에서 밀레니얼 세대들과 소통하는 데 애를 먹는다. 그들은 자신의 의견과 생각을 당당히 주장하며 자신의 복지를 챙기는 것을 어려워하지 않는다. 조직의 리더들은 자신과 너무도 다른 그들과의 소통을 어려워한다. 『리더의 말 그릇』의 저자는 조직의 리더들이 어떻게 밀레니얼 세대의 감정과 욕구를 읽고 구체적으로 코칭하고 멘토링할 수 있을지를 알려준다.

저자는 "말 그릇은 말의 근원, 곧 마음을 뜻합니다. 말 그릇이 크다는 것은 마음을 넓고 깊게 사용할 줄 안다는 뜻입니다."라고 말한다. 곧 말은 마음이 밖으로 드러난 것이다. 말을 공부한다는 것은 곧 마음을 공부하며 다스릴 줄 안다는 것과도 같다.

좋은 언어를 들어본 경험이 부족한 리더들은 새로운 세대와의 소통을 참으로 난감해한다. 자신이 경험한 것들만 되돌려줄 수 있다. 그래서 다시 공부하면서 좋은 언어를 수혈받고 몸에 새기며 과거의 말의 방식들을 씻어낼 필요가 있다.

우리의 마음을 형성하는 것은 좋은 언어부터 온다. 자존감이란 자기가 자신에 대해서 생각하는 주관적인 것이다. 자존감이 좋은 사람은 어릴 때부터 좋은 언어를 듣고 자랐다. 그러나 자존감이 낮은 사람은 좋지 않은 언어를 듣고 자랐다.

예를 들어 자존감이 좋은 아이들은 '괜찮아, 열심히 노력했구나, 충분해, 고마워, 사랑해.' 등의 긍정적인 언어를 주로 들었다. 그러나 자존감이 낮은 아이들은 '그럴 줄 알았어, 누굴 닮아 그러니, 이것만 잘하면 더 완벽할 텐데, 넌 틀렸어.' 등과 같은 부정적인 언어를 들으며 자란다.

어릴 때는 어떤 말이든 여과 없이 다 흡수하며 진리로 받아들인다. 그 중에 진리가 아닌 것도 많다. 그러나 어릴 때 새겨진 그 언어들은 이미 내 안에 인격화되어 나를 지배하고 있기에 그 거짓에서 벗어나기가 쉽지 않다. 심하면 평생 그 거짓 언어에서 헤어 나오지 못하고 자신의 잠재력을 꽃피우지도 못한 채 자신의 인생을 망치는 경우도 있다. 이제 부모와 사회, 미디어가 새겨놓은 잘못된 말들에서 해방되어야 한다. 어떻게 그것이 가능할까?

비우고 채워라

책에는 나쁜 말들이 거의 없다. TV나 영화, 만화 같은 것은 자극적일 수 있지만, 책은 보통 좋은 언어와 문장으로 구성되어 있다. 스테디셀러나 고전은 여러 세대에 걸쳐 검증된 것이기에 더욱더 울림이 크다. 시나 에세이 등의 문학은 더욱 섬세한 언어들로 우리 내면의 깊은 곳을 건드리며 감동을 가져다준다.

우선 비워라. 비우지 않고 채울 수 없다. 비우지 않으면 끊임없이 낡은 것과 새로운 것 사이에서 갈등한다. 어떻게 잘 비울 수 있을까? 깨끗한 물로 하루 동안 몸에 달라붙었던 더러움들을 깨끗이 씻어내듯이 책 속의 좋은 문장들로 날마다 내 몸에 새겨진 거짓 언어들을 씻어내야 한다. 씻지 않고 매일 새로운 화장과 옷을 입는다고 상상해보라. 끔찍할 것이다.

　과거의 언어뿐 아니라 우리는 하루를 살면서도 그리 좋은 언어들을 듣고 살지는 못한다. 일터에서 집에서 필요한 말만 하거나 지적질만 당하지 긍정적인 언어들을 잘 접하지 못한다. 지인 중에 긍정 에너지와 언어로 가득 찬 사람이 있다면 축복이다. 그러나 책은 내가 원하면 언제나 접할 수 있다. 책 속에는 당신을 긍정해주고 동기 부여해주며, 당신 안에 있는 무수한 잠재력을 끌어내줄 언어들로 풍성하다. 그러니 매일 샤워하듯 매일 책을 읽고 그날의 온종일 시달렸던 거짓 언어들을 씻어내라.

　그리고 비웠다면 새롭고 신선한 언어들로 당신을 채워라. 좋은 언어로 당신의 정신과 영혼이 맑아졌다면 신선한 언어들을 더욱 적극적으로 채워가는 일이 필요하다. 과거의 낡은 언어들은 계속 당신을 괴롭힐 것이다. 비슷한 사건이 일상에 터질 때, '그래 내가 그렇지 뭐, 난 원래 그래, 그 사람 말이 맞았어, 난 별 수 없는 놈이야.'라면서 다시 과거로 회귀한다. 그래서 더욱 적극적으로 날마다 자존감을 세워주는 진짜 언어를 새기는 것은 너무 중요하다. 과거에 당신의 무의식에 새겨진 언어는 그리 쉽게 씻겨지지 않는다.

　당신의 잠재의식에 좋은 언어를 계속해서 새겨가라. 어떻게 새길 수 있을까? 『왜 책을 읽는가』의 샤를 단치는 "독서는 뇌리에 새기는 문신이다."라고 말했다. 그러나 책을 읽는 것만으로는 새기는 정도가 약하다.

자신에게 와닿는 좋은 언어는 더욱 적극적으로 필사하고 기록하면서 새겨가야 한다. 또한 목소리로도 선포도 해보아라. 말하면서 선포된 문장을 당신의 귀로 들으면 몸에 새기는 효과가 더해진다. 그러면 과거의 좋지 못한 언어들을 떨치는 데 더욱 좋은 결과를 얻게 될 것이다.

읽는 사람들은 자신의 목소리를 낸다

모두가 긍정하는 분위기 속에서 말하는 것은 쉽다. 그러나 모두가 안 된다고 말하며, 부정하는 분위기에서 자신의 목소리를 내는 것은 대단한 용기가 필요하다. 그 용기의 밑바탕에서 자신을 긍정하는 높은 자존감이 있다.

독서법에 대한 책들을 보면 독서 고수를 소개할 때 남성들이 주로 소개된다. 그것은 남성들에 의해 읽고 쓰는 것이 주도된 시대가 많았기 때문이다. 읽고 쓸 수 있는 자가 결국 권력을 잡게 되고, 역사는 힘이 있고 기록한 사람들에 의해서 드러나기 때문이다. 여성이 결코 열등하거나 부족해서가 아닌 것이다.

『여성의 천재성』이란 책의 저자는 특히 '여성의 천재성'에 대해 주목한다. 천재란 기존의 편견을 뛰어넘고, 새로운 세상을 만들어가는 데 기여한 사람들이다. 저자는 남성으로 구성된 한 교수들 모임에서의 필독서

선정 목록에 여성이 쓴 책은 하나도 없음을 발견한다. 그녀는 각 분야에서 여성을 거의 찾아볼 수 없거나 극히 소수인 것은 정말 '여성이 유전학적으로 남성과 다르기 때문일까?' 아님 '정말 기여한 바가 없어서일까?'라고 질문한다.

시대의 편견 속에서 여성들의 타고난 재능은 꽃피우기 전에도 사그라들었다. 재능은 그것을 키워줄 환경을 만났을 때, 발견되고 자라간다. 모차르트 못지않게 재능이 있었던 누나, 아인슈타인 못지않게 탁월했던 그의 아내 등의 여러 여성들은 자신들의 재능이 그것이 꽃피울 환경을 만나지 못해서, 일찌감치 사그라들었다. 참으로 안타까운 일이다. 그러나 천재성을 드러내며 "세상을 바라보는 새로운 방식을 생각하는 여성은 세상이 자신을 어떻게 볼지 생각하느라 많은 시간을 낭비하지 않는다."라고 저자는 말한다. 때론 목숨이 위협받을 수 있는 상황에서도 그녀들은 당당했다.

읽고 쓰는 여자들은 힘이 세다. 읽고 쓰는 여자들은 주어진 여건, 편견과 억압에 상관없이 자신의 목소리를 발한다. 『쓰고 싸우고 살아남다』의 저자 장영은은 말과 글로 세상의 변혁에 동참해온 25명의 여성들을 소개한다. 소개된 여성들의 삶은 순탄하지 않았다. 그러나 고통을 글로 승화해간다. 현존하는 여성도 있고 그렇지 않은 여성들도 있었다. 자신의 삶과 시대의 고통과 씨름하며 자신의 목소리를 발하기를 멈추지 않는 강한 생명력은 어디에서 나왔을까? 책 속 그녀들의 말을 들어보자.

책 속의 한 문장 한 문장에 자신의 전부를 걸었다. 무엇보다 모두 예외 없이 책을 지독하게 사랑했다. 도서관과 서점은 그들에게 또 다른 집이 자 학교였다. 책을 읽고 또 읽고 정말 책만 읽었다. 닥치는 대로 읽었다. 책이 나를 이곳에서 이끌어내줄, 나 자신으로부터 꺼내줄 유일한 것이었 다. 괜찮은 글을 만들어내려면 쓰고 다시 쓰고 또다시 쓰면서 수천 시간 동안 방 안에 혼자 있어야 했다.

『자기만의 방』의 작가 버지니아 울프는 천국은 피곤해하지 않고 영원 히 책을 읽을 수 있는 곳이 아닐까?라고 상상하며 지상에서 맡았던 글쓰 기라는 과제를 성실하게 마친 후 세상을 떠났다고 한다.

『토지』로 유명한 박경리는 암 투병 기간에 집필을 시작했고 집필 시간 만 25년이라고 한다. 원고지로는 3만 1,200장 분량이다. 아버지는 일찍 이 집을 나가 다른 여자와 살았다. 대학에 가게 된 박경리는 아버지를 찾 아가 대학 등록금을 이야기했지만 뺨만 맞고 돌아왔다. 어머니에 대해선 연민과 경멸, 아버지에 대해서 증오의 극단적 감정 속에서 만들어진 고 독 속에서 그녀는 공상의 세계를 쌓았다고 한다.

나딘 고디머는 정규 교육이 그녀의 호기심과 욕망을 충족시켜주지 못했다고 한다. 그녀는 극단적인 인종차별 제도가 지배하는 남아프리카 공화국에 살면서 문학도 정치적 책임을 져야 한다는 결론을 내린 후 작가 생활을 시작했다. 그녀는 자신이 백인으로서 누린 특혜를 알게 되었을 때 느꼈던 부끄러움과 충격을 평생 잊지 않았다고 한다. 그녀는 많은 책을 읽었고, 읽는 만큼 썼다. 나딘 고디머는 83세에 『베토벤의 16분의 1은 흑인』을 발표했고, 3년 후 『인생』을 공개했다. 나딘 고디머는 2014년 91세의 나이로 세상을 떠날 때까지 다음 작품을 준비했다.

이렇게 읽고 쓰는 여자들은 자신의 삶을 포기하지 않고 당당히 살아갔고, 말과 글로 목소리를 발했다.

좋은 언어는 당신의 자존감을 채워준다. 책을 읽으면 좋은 언어를 계속 만나게 된다. 좋은 언어는 과거에 당신 안에 새겨진 부정적이고 거짓된 메시지를 씻어줄 것이다. 그리고 계속적인 그 언어들을 읽고 쓰고 부지런히 새기다 보면 어느새 긍정적인 언어들이 당신의 존재에 장착해 자존감은 더욱 탄탄해질 것이다. 이렇게 독서를 통해서 비우고 채우는 과정을 매일 반복해라. 그러면 역사 속 수많은 용기 있는 여성들과 같이 시대에 굴하지 않고 당당하게 자신의 목소리를 발할 수 있는 자신을 만나게 될 것이다.

07

나를 살린 책 한 권의 힘

한 권의 좋은 책은 위대한 정신의 귀중한 활력소이고
삶을 초월하여 보존하려고 방부 처리하여 둔 보물이다.

- 존 밀턴 -

내 인생을 바꾼 두 가지

여성학자 정희진의 책들은 쉽게 읽히지 않는다. 그는 좋은 독후감의
전제는 '다르게 읽기'임을 강조한 만큼 그녀의 책들은 낯선 시선들이 가
득 담겨 있다. '왜 책을 읽느냐'는 질문에 "아파서요. 책을 읽으면 좀 덜
아프거든요."라고 답한다.

이 부분을 읽고 '어 나랑 똑같은 사람 있네.' 하는 생각을 했었다. 정말
책을 읽으면 좀 덜 아프게 된다. 어릴 때 난 아픈 사람이었다. 몸이 아니
라, 정신적으로 정서적으로 말이다. 대학 때 한 후배가 나에게 말했다.

"선배는 왜 매일 검은색 옷만 입고 다녀요?" 돌아보니 그때 나의 세계는 온통 회색빛이었다.

그런 나를 치유해주고 내 존재와 인생에 힘을 실어준 것은 두 가지였다. 하나는 책이고, 그다음은 사람이다. 그런데 사람은 가끔 상처를 받는다. 상처는 아프지만 또 다른 성장과 성숙의 재료가 된다. 사람은 영향을 주지만 늘 안전하지는 않다. 반면 책은 매우 안전하다. 안전한 공간에서 책을 통해 저자와 또 책 속에 등장하는 많은 사람들을 독대할 수 있다. 필요 없는 이야기는 안 들어도 되고, 정말 듣고 싶은 이야기는 여러 번 곱씹으며 반복해서 읽을 수 있다.

나는 책으로부터 치유받고 성장하며 20~30대를 보내왔다. 어떤 사람도 책보다 더 큰 영향을 준 사람은 없다. 물론 그 책을 알려준 건 사람이지만 말이다. 책을 통해서는 내가 사는 시공간에서 만날 수 없는 사람도 만날 수 있다. 시간과 재정적으로도 이만큼 가성비가 좋은 것은 없다.

그렇게 책과 보낸 시간이 쌓여 40대에 들어선 나는 무척 행복한 사람이 되어 있었다. 그런데 퇴직을 결정한 후 코로나가 터졌고, 그 시기에 또 한 번의 큰 방황을 겪었다. 무기력함을 느꼈고, 삶의 갈피를 잃었고, 좌절감을 깊숙이 느꼈다. 20년 동안 가슴 떨리게 해오던 일에도 흥미를 잃었다. 그때 나는 다시 책을 손에 잡았다. 내가 책을 읽는지 책이 나를 읽는지 모르게 깊이 빠져들었다. 수백 권의 책을 읽어갔다. 나는 조금씩 살아나기 시작했다.

내가 대학 때 활동했던 동아리는 신입생을 모집할 때부터 긴 가판대에 책들을 올려놓고 홍보를 한다. '우리 동아리에 오면 좋은 선배뿐 아니라 좋은 책과도 함께할 수 있어.'라면서 선배들은 새내기들을 유혹하고 있었다. 당시 책은 절대 내 관심은 되지 못했다. 하고 싶고 되고 싶은 것이 많은 새내기들이 책에 관심이 얼마나 있겠냐 말이다. 그러나 결국 뒤늦게 그 동아리에 가입하고 활동을 하면서 사람들이 좋아졌고, 그들이 추천하는 책들을 하나둘 읽기 시작했다.

그렇게 책의 세계로 점차 빠져들었고, 나는 읽는 사람이 되어갔다. 젊은 날 고민인 줄도 모르고 했던 내 속에 쌓인 질문들은 이미 책 속에 있었다. 선배들이 한마디씩 했던 말들도 책 속에 있었다. 하나의 책들을 읽으면 그 책은 또 다른 책 친구와 연결시켜주었다. 그렇게 나는 옷 대신 책을 사 모았다. 읽지 못하더라도 책을 샀다.

책 속에 다양한 사람들이 있었고, 내가 경험하지 못한 다양한 이야기가 존재했고, 그것들이 나에게 말을 걸어왔다. 어려움을 극복한 사람들을 통해 용기를 얻었고 현재와 미래를 살아갈 더 깊은 가치와 철학을 배울 수 있었다. 힘들고 외로울 때마다 나는 도서관으로 달려가 끌리는 제목을 뽑아내 읽어갔다. 그렇게 책들은 나의 친구이자 조언가요 상담가였다.

그런데 혼자 많은 양의 책을 읽어가니 좀 지루했다. 그런 나에게 다시 자극을 준 것이 '책 읽는 사람들'이다. 안 하던 SNS를 다시 켜고 기록하기 시작하니 그곳에서 책 읽는 다양한 사람을 만나게 되었다. 또 지역 도서관 독서 모임에서 다양한 사람을 만나게 되었다. 나이도 동네도 직업도 다 달랐다. 책을 통해서 알게 되는 그들의 다양한 이야기들은 나의 마음을 다시 두드렸고 가슴을 되찾아주었다. 그렇게 책은 40 중반을 지나고 있는 나를 또다시 살리고 있었다. 지나고 보니, 20대에도 30대에도 40대에도 나를 살렸던 두 가지는 책과 책 읽는 사람들이었다.

도서관에서 보물을 발견하다

대학 시절부터 책을 모으기 시작했다. 옷은 안 사도 유독 책 욕심이 강했다. 지금 당장 읽지 못하더라도 책은 사지 않으면 안 될 거 같았다. 결혼을 하고 자주 이사를 다녔다. 1,000권, 2,000권 책이 쌓여가면서 이사할 때 이사하시는 분들에게 가장 미안했다. 책은 은근히 무겁고 손이 많이 가기 때문이다.

책을 쌓아가는 것이 좋았지만, 어느 순간 미니멀 라이프를 추구하는 나에게 책은 가장 버리기 힘든 존재였다. 퇴직 후 네 박스 이상을 중고로 팔기도 하고 남아 있는 후배들에게 주기도 했지만 여전히 책으로 둘러싸인 집 안 풍경은 별로 달라진 거 같지 않았다.

그때 우연히 갔던 도서관은 내가 꼭 책을 소유하지 않아도 된다는 것을 알려주었다. 그리고 매일매일 따끈한 신간들을 만나볼 수 있었다. 읽다가 재미없으면 '괜히 샀어.'라는 후회를 안 해도 되었다. 읽다가 '이 책은 꼭 사야 해, 필사도 해야 해.' 하는 책은 그때 사면 되었다. 경제적으로도 좋았고, 책으로 쌓여가는 집의 공간적 여유도 확보할 수 있었다.

또한 도서관만큼 누구에게나 평등한 공간이 있을까? 『도서관 여행하는 법』이라는 책은 도서관 덕후이자 책을 만드는 일을 하는 임윤희가 썼다. 그녀는 해외와 우리나라 도서관을 다니면서 느낀 생각들을 책에 담았다. 어느 나라의 도서관에 방문했던 에피소드가 기억에 남는다. 그곳은 노숙자들에게도 도서관을 개방하고 샤워실까지 구비하고 있었다. 그로 인해 컴플레인도 많았지만 이곳에서만큼은 깨끗이 몸을 씻고 책을 통해서 누구라도 숭고해지는 문에 들어갈 수 있었다. 부유하든 가난하든 잘났든 못났든 장애가 있든 없든 간에 모두에게 열려 있는 공간을 만들려는 그 나라의 정신적인 수준을 헤아려볼 수 있었다. 그런 도서관의 멋진 꿈이 감동스러워지는 순간이었다.

책 한 권 한 권은 보물이다. 힘들 때마다, 머리를 식히고 싶을 때마다, 잠시 틈이 생길 때마다 도서관으로 달려갔다. 그리고 꽂히는 제목의 책을 끄집어내어 읽어간다. 꽂히는 제목은 뒤돌아보면 결국 그 순간의 나의 필요와 절실히 만나 있다. 하나의 책이 또 하나의 책을 소개해주기도 하고, 그러다 보면 나의 문제를 해결해줄 뿐만 아니라 보석과 같은 책을 만나기도 한다.

그러면 정말 그 책은 나만 알고 싶다는 이기적인 생각이 들기도 했다. '와 이런 책을 내가 만나다니.' 이전에는 결코 알 수 없었을 저자들, 만나지 못했던 새로운 생각들을 접하게 된다. 그렇게 보석과 같은 한 권의 책은 숨만 쉬고 있었던 나를 살리고 신선한 에너지를 불어넣어주었다.

15세기까지 책값은 매우 비싸 부자들의 사설 도서관만 존재했다. 상업이 발달하고, 구텐베르크의 인쇄술 발명 등과 같은 새로운 문화적 요인들이 대량생산을 가능하게 했다. 그래서 부유한 상인들뿐만 아니라 책을 소유하는 이들의 범위가 늘어갔다. 이즈음에 공공 도서관이 세워지고, 그 밖에 많은 도서관이 세워졌다.

17~18세기에는 책 수집이 더욱 확산되었다. 이때 세워진 도서관은 오늘날의 국립 도서관의 초석이 되었다. 시 도서관, 순회 도서관, 예약 도서관들이 생겨갔다. 이들 도서관은 도서 대여, 자료 참고 등의 여러 서비스를 개발해갔다. 이런 도서관의 존재는 사람들의 문학 취미를 형성하는 데도 많은 영향을 주었다.

고대 그리스 테베 도서관이 있다. 도서관은 '영혼을 치유하는 장소'로 여겨졌다. 중세 스위스 세인트 갈의 대수도원 애비 도서관 또한 영혼을 위한 '약상자'로 여겨진다. 18세기 말까지 유럽에서 마음이 아픈 사람을 치료하는 데 책을 사용했다고 한다. '독서 치료'라는 연구 분야가 20세기에 미국을 중심으로 이루어지기도 했다.

역사적으로도 문명은 책을 중심으로 발전해왔다고 해도 과언이 아니다. 수 세기에 걸쳐 기록된 책들이 도서관에 오롯이 보관되어 있다. 자신의 사고만으로 무언가를 이루기 힘들다. 창조는 선조들이 쌓아놓은 생각들이 융합되어 발생한다. 우리 모두 거인들의 어깨 위에 올라타 그 위에서 자신만의 것들을 창조해간다.

내가 했던 고민들은 이미 누군가 다 해놓은 것이다. 당신의 방황을 도서관에서 해결하라. 도서관에서 어슬렁거리다 보면 당신의 방황을 끝내주기 위해 손짓하는 누군가를 발견할 수 있을 것이다.

08

책이 쌓여가는 만큼 자존감도 쌓인다

옛 책을 다시 읽게 되면 당신은 그 책 속에서 전보다 더 많은 내용을 발견하지는 않는다.
단지 전보다 더 많이 당신 자신을 발견한다.

- 클리프턴 패디먼 -

일상은 수없이 우리의 자존감을 건드린다

어느 날부터인가 몸을 관리해야 한다고 심각히 느꼈는지 남편은 콩을 주문해달라고 한다. 아침마다 삶은 콩을 먹고 엘리베이터를 이용하지 않고 11층이 집인 아파트 계단을 오르고 내려간다. 콩을 삶기 위해서는 미리 불려놔야 한다. 그런데 남편은 처음에 그것을 너무 많이 불려놓았다. 그래서 삶은 콩을 냉장고에 넣어놓고 일주일 넘게 먹었다. 결국 나중에는 다 먹지 못하고 일부분은 버렸다.

남편은 두 번째 콩을 삶기 위해서 출근하기 전에 미리 불려놓았다. 그런데 하루가 지난 거 같은데 불린 콩이 그대로 있었다. 그날따라 날씨도 덥고 혹시 상할까 해서 내가 씻어서 삶아 냉장고에 넣어놓았다. 날씨가 더워서 그런가 불린 콩에서 살짝 냄새도 나는 거 같아서 저번처럼 오래 놔두지 말고 빨리 콩을 먹어버리라고 남편에게 재촉했다. 그런데 콩이 줄어드는 느낌이 없었다.

그래서 어느 날 아침 나는 또 한 번 이야기했다. "저번처럼 또 버리게 되면 이제 콩은 그만 사라고." 갑자기 남편의 반응이 거칠게 나온다. "왜 아침부터 협박조로 말해?"라면서 감정이 섞인 그리고 평소보다 약간 높은 조로 말했다. "이번엔 냄새가 이상해서 그래. 저번처럼 또 버릴까 봐 몇 번이나 말했는데 콩이 안 줄어드는 거 같아서 그러지."라며 단호하지만 당황스러운 말로 대꾸했다.

난 이미 감정이 상해버렸다. 그날따라 유독 예민하게 나오는 남편이 미웠다. 올라오는 감정을 잠재우려고 책상 앞에 앉았다. 순간 자존심도 상하고 자존감도 확 떨어졌다. 내 권면을 경청하지 않는 태도부터 감정이 섞인 말까지 '앞으로 그따위 콩에 내가 신경 쓰나 봐라.' 하는 생각과 함께 혈압이 오르는 느낌과 심장이 벌렁이는 순간을 느꼈다. 일요일 아침에 일어나서 1시간 이상 청소하고 이제 커피 한 타임 가져야지 하는 순간에 남편과의 1분도 안 되는 짧은 대화는 내 존재감을 떨어뜨렸다.

아마 아무리 높은 자존감을 가지고 살아가는 사람이라도 가정과 일터에서 예기치 않게 나의 자존감을 건드리는 작고 소소한 순간을 경험한다. 다음 날 남편이 '그날 예민해서 그랬어.'라고 사과의 문자를 보냈다. 누구의 탓보다는 누구나 예민한 순간들이 있다. 나의 의도와 호의와 상관없이 말이다.

이런 일상의 사건은 자존감을 오르락내리락하게 한다. 예전 같으면 그 감정을 며칠이고 붙들면서 남편을 탓하고 남편의 말로 규정된 나의 존재감을 탓하면서 끙끙 앓았을 것이다. 그러나 날마다 쌓아온 자존감은 이제 그리 쉽게 무너지지는 않았다. 큰 숨 한 번을 쉬고 나는 책상에 앉아 내 할 일들을 해갔다.

자존감은 고정된 것이 아니다. 하루에도 여러 번 흔들릴 수 있다. 우리에게 수없이 다가오는 많은 말들과 사건들은 상대가 의도했든 안 했든 나에게는 상처가 될 수 있다. 그러나 그 상처를 받아들이고 내 안에 오랫동안 거주하는 것은 나의 선택과 책임의 영역이다. 나는 오랫동안 읽고 쓰면서 나 자신을 단단히 만들어갔다. 그 원리를 터득한 이후로 이제 웬만한 일들에 그리 좌지우지되지 않는다. 과거와 비교하면 있을 수 없는 일들이다. 예민하고 타인의 시선과 말들에 너무도 쉽게 흔들렸던 나였기 때문이다.

뭐든지 시작은 작다. 한 페이지가 한 권이 되고 한 권이 천 권이 된다. 『아주 작은 습관의 힘』의 저자 제임스 클리어는 촉망받던 야구선수였다. 그는 고등학생 때 얼굴 뼈가 30조각이나 나는 사고를 당했다. 그럼에도 꾸준한 노력으로 사고에서 회복되었을 뿐 아니라 6년 후 대학 최고 남자 선수이자 전미 대표 대학 선수로 지명됐다. 비결은 대체 뭐였을까? 바로 사소한 습관을 꾸준히 늘려가는 것이다. 저자는 결국 자기계발 전문가가 되었다.

이 책의 원제는 『Atomic Habits』이다. 'Atomic'은 원자를 뜻하며, 극도로 적은 양, 더 이상 줄일 수 없는 가장 작은 하나의 요소다. 습관은 곧 우리 삶의 원자들과 같다. 사소한 일상의 행위들이 쌓여가면 매우 단단해진다. 작다고 결코 무시할 수 없는 것이다.

저자는 "100번만 같은 일을 하면 그것이 당신의 무기가 된다."라고 말한다. 지극히 작은 것이라도 매일 반복하면 시간이 흘러 큰 차이를 만들어낸다. 돈이 복리로 불어나듯 습관도 시간이 지나면 곱절로 불어난다.

자존감을 튼튼히 세우려면 매일 독서하는 습관이 자리 잡아야 한다. 매일 한 페이지로 시작해도 좋다. 그저 꿈만 꾸거나 남을 부러워만 말고 작게라도 우선 시작해보아라. 그렇게 시작한 한 페이지의 독서는 순간을 바꾸고 하루를 바꾸고 자존감을 바꾸고 인생을 바꾸어줄 것이다.

습관은 정체성이다

스마트폰이 생긴 이후 SNS상에 흐르는 정보의 홍수 속을 유영하느라 한 장 한 장 책장을 넘기는 즐거움을 갖기 쉽지 않다. 요즘에는 전자책으로도 많이 읽는다. 나도 급할 때는 종종 이용하지만 전자책을 읽을 때는 SNS 하듯이 스캔하며 읽게 되고, 종이책을 넘기는 그 설렘과 떨림을 잘 느낄 수 없다. 그러나 무엇을 통해서든 읽는 것은 중요하다.

한 페이지가 쌓이고 그렇게 한 권의 책이 쌓여가는 만큼 당신의 자존 감 지수도 높아질 것이다. 한 권의 책이 쌓이는 만큼 독서에 대한 성취감도 있겠지만 무엇보다 당신 자신에 대한 이해와 사랑이 높아질 것이다. 그리고 당신 안에 감춰졌던 무수한 잠재력이 꽃필 터전이 당신 존재 안에 마련될 것이다. 그렇다면 쌓아간다는 것은 무엇일까? 결국 습관의 문제다.

『아주 작은 습관의 힘』의 저자 제임스 클리어는 이렇게도 말한다.

"많은 사람이 자신이 얻고자 하는 것에 초점을 맞춰 습관을 변화시키려 한다고 한다. 그러나 이런 태도는 결과 중심의 습관을 형성한다. 그것을 지속하기 위해서는 정체성 중심의 습관을 세워야 한다. 이는 내가 어떤 사람이 되고 싶은지에 집중하는 데서 시작한다."

습관에 대한 놀라운 통찰이다. 습관을 바꾼다고 하면 보통 그 행위 자체에 집중하기가 쉽다. 그러나 습관을 존재와 연결시켰다. 습관을 바꾸는 것은 결국 나라는 사람을 바꾸는 것이라는 뜻이다.

그렇다. 습관을 바꾸는 것은 처음엔 작은 행위의 변화를 주는 것 같지만 결국은 되고 싶은 자신의 모양을 결정짓는다. 작은 습관의 행위들이 누적되고 쌓이면 당신이 되고 싶은 사람이 언젠가 되어 있는 것이다.

몸이 아프다는 것은 지난 수년간 운동하지 않은 결과이다. 독해력이 떨어진다는 것은 지난 수년간 읽지 않은 결과이다. 반대로 "책 읽는 사람이야."라는 소리를 듣는다면 지난 시간 동안 매일 읽고 쓰는 흔적을 어딘가에 남겼기 때문이다. 자존감이 낮다면 지난 수년간 부정적인 언어에만 노출되었기에 자존감이 낮은 사람이 된 것이다. 이렇게 매일 당신이 했던 작은 행위들이 당신이 되고자 하는 사람을 결국 만들어준다.

자존감이 높은 사람이 되기 위해서 외모를 가꾼다거나 상담을 받는다거나 여러 가지 방법이 있을 수 있다. 하지만 독서는 당신의 내면을 가꿔주고 단단히 해줄 가장 중요한 자원이 됨을 잊지 말라. 그러니 단단한 내가 되고자 한다면 미래의 모습을 먼저 상상하고 그렇게 되기로 결정하고 책을 읽을 계획을 세워라. 처음에는 한 페이지에서 시작해도 좋다. 한 페이지가 두 페이지가 되고, 한 권이 될 것이다. 그렇게 작은 습관에서 시작해서 꾸준히 책을 쌓아간다면 어느새 단단한 자신을 만나게 될 것이다.

우리를 흔드는 일상의 많은 사건들은 때론 그다음 여정을 걷는 것을 가로막는다. 특히 자존감이 낮은 사람은 그다음 스텝을 밟기까지 오랜 시간이 걸린다. 그 사건에 함몰되어 자신에 대한 연민과 비하, 또는 다른 이들을 탓하거나, 끊임없이 원인 분석을 하면서 시간을 지체한다. 그러나 꾸준히 한 페이지씩 쌓아간다면 그 속에 담긴 말과 그들이 당신의 존재를 응원할 것이다. 책을 쌓는 것만큼 당신의 자존감도 단단해질 것이다. 단단해진 자존감은 웬만한 사건에도 개의치 않는 배짱을 마련해줄 것이다. 독서가 매일의 습관이 된다면 당신은 어느새 책 읽는 사람이자 단단한 사람으로 변해 있을 것이다.

3장

자존감을
끌어올리는
독서 원칙 7가지

새벽 독서, 몰입의 힘이 가장 세다

하루의 마무리는 저녁이 아니라 아침에 완성된다.
내가 아침을 어떻게 보내느냐에 따라 하루의 질이 결정된다.

– 배철현 –

새벽 4시, 나를 읽는 시간

새벽에 들려오는 소리는 참 좋다. 대학생 때는 무슨 열정이었는지, 새벽 일찍 일어나 이른 아침에 여는 캠퍼스 동아리 모임에 참여했다. 배가 불러 만삭일 때도 나는 새벽에 일어나 책을 읽고 명상을 했다. 그래야만 살 수 있었던 것 같다. 돌아보니 그 시간들이 나를 살렸다.

아이를 낳고 난 이후에는 체력도 달리고, 외박에다, 늘 늦은 시간까지 있는 모임에 맞춰 살다 보니 새벽을 잃어버렸었다. 그러다 코로나로 인해 온라인 모임이 많아지고 예전보다 밤 시간이 여유로워졌다. 다시 일찍 자고, 새벽에 일어나기 시작했다. 처음엔 들쑥날쑥했다. 내 몸의 시계가 예전 같지 않았다. 다행히 금세 익숙해졌다.

날이 무척 더워져서 창문을 열어 두고 자곤 한다. 새벽에 일어나 책상 앞에 고요히 한참을 앉아 있으니 어디선가 새소리가 크게 들린다. 그것도 한두 마리가 아니다. '어, 새소리는 산속에서만 들리는 건데….' 창문 건너편에 작은 산이 있는데, 거기서 들려오는 소리였다. 무수한 소리에 갇혀, 낮에는 전혀 들리지 않았던 소리들이 이 새벽에 들려온 것이다.

멈추고 고요해야 들려오는 소리들이 있다. 평상시에 들리지 않았던 소리들, 잠잠해야 들리는 소리들이다. 아무도 알아주지 않았던 소리들이다. 자연의 소리, 존재의 소리, 신의 소리다. 왜 지금 알아주느냐고 아우성치는 듯하다. 낮 동안의 수많은 소리를 쳐내고 새벽에 들려오는 소리들에 잠겨본다. 이 새벽의 소리들을 들으며 지금도 나는 성장하고 있다. 새벽은 이렇게 오롯이 나 자신에게 몰입하게 한다. 새벽은 나를 읽는 시간이다.

몰입의 적

오늘날 우리는 언제든 자유롭게 정보에 접근할 수 있는 세상에 살고 있다. 하루에도 홍수처럼 쏟아지는 정보를 소비하며 살고 있다. 15세기와 비교하면 1400년대의 보통 사람들이 평생 흡수했을 데이터를 지금 우리는 단 하루에 소비한다고 한다. 또한 1960년대에 비해 3배나 많은 정보를 소비하고 있다.

『마지막 몰입』을 쓴 짐 퀵은 25년 넘게 세계 정상급의 CEO, 운동선수, 배우, 각계 각층의 성공한 사람들의 진정한 잠재력을 끌어낸 세계적인 브레인 코치다. 슈퍼 히어로에게는 초능력도 있지만 최대의 적수, 즉 슈퍼 빌런도 있다. 배트맨에게는 조커, 슈퍼맨에게는 렉스 루터 같은 존재 말이다. 짐 퀵은 몰입과 집중력을 방해하는 네 가지 디지털 빌런을 언급한다. 즉, 디지털 홍수, 디지털 주의 산만, 디지털 치매, 디지털 추론이다. 우리는 스마트폰을 늘 손에 들고 있다. 그 결과 우리는 항상 접속 상태인 모바일 기기 때문에 대화를 오래 이어가거나 일에 집중하는 데도 어려움을 겪는다. 그럼에도 연락이 되지 않으면 손해를 볼 것이라는 불안과 두려움 때문에 늘 접속 상태를 유지한다. 더불어 스마트폰을 보면서 밥을 먹거나, 수시로 스마트폰을 보면서 업무를 하고, 공부하는 멀티태스킹도 많이 한다. 아주 어린 세대들은 이에 더욱 능하다.

신경과학자 대니얼 레비틴은『정리하는 뇌』에서 이렇게 서술했다.

"뇌가 한 가지 활동에서 다른 활동으로 주의를 돌리도록 요구받으면 전두피질과 선조체에서 산소를 함유한 포도당을 태운다. 한 과업을 계속할 때와 같은 연료를 쓰는 것이다. 또한 멀티태스킹으로 신속한 주의 전환을 계속하다 보면 뇌의 연료가 금방 바닥나서 금세 지치고 정신이 혼미해진다. 말 그대로 뇌 영양분을 고갈시킨 탓이다. 이는 인지 및 신체 활동의 저하로 이어진다."

아마 과도한 정보로 인한 뇌의 혹사로 우울이나 무기력을 경험한 적이 한두 번은 있을 것이다. 휴식이 없다면 기억력 저하, 의식 혼탁, 피로 같은 문제가 발생한다는 증거가 점점 늘어나고 있다. 이러한 상황은 몰입을 방해한다.

반면 고요한 새벽은 하루를 시작하는 시간이기 때문에 몰입을 방해하는 디지털 빌런과 멀티태스킹에서 좀 더 자유로울 수 있다. 새벽을 살고자 하는 사람이라면 이 소중한 시간을 디지털 정보로 소비하고 싶지는 않을 것이다. 또한 일과 육아를 감당하고 있는 워킹맘들에게 새벽은 누구의 방해도 없이 몰입할 수 있는 유일한 시간일 것이다.

새벽 루틴의 유익

새벽의 유익을 알지만 새벽 습관을 유지하는 것은 쉽지 않다. 나 또한 새벽형의 사람이었지만, 기나긴 육아를 거치고 다시 그 시간에 일어나는 것이 쉽지 않았다. 새벽을 살고자 했던 나는 나름 습관을 유지하고자 인스타그램을 열어 100일 인증을 했다. 코로나가 발생했던 2020년도에는 새벽 4시에 일어났다. 그런데 인증을 하다 보니, 생각보다 새벽을 사는 이들이 많았다. 그때 나는 수많은 독서를 해나갔다. SNS에서만 만나는 인친들로 인해서 동기 부여를 얻어 새벽을 더욱 힘 있게 살 수 있었다. 새벽을 살고 나서 그때 나름 느꼈던 부분들이다.

첫째, 새벽은 밤보다 유혹이 적다. 원래 새벽형이지만, 아이를 낳고부터는 리듬이 깨졌었다. 그래서 새벽에 일어날 때도 있고, 밤에 일어날 때도 있고, 리듬이 불규칙했었다. 밤 시간도 나름 좋았었다. 그러나 밤 시간은 유혹이 많다. 하루를 열심히 살았으니 SNS나 드라마 등으로 보상받고자 하는 심리도 작용했다. 그러다 보면 집중과 몰입은 어느새 깨지고 소중한 시간은 쏜살같이 날아가버린다. 그러나 새벽은 하루를 시작하는 날이니, 하루를 열심히 살아야 한다는 생각에 그런 유혹에 잘 빠지지 않는다.

둘째, 심리적 만족감이 크다. 새벽에 그날 꼭 해야 할 것들을 집중해서 다 해버리면, 만족감이 크다. 새벽에 일어나지 않아도 물론 할 것을 다 채울 수는 있다. 하지만 나 같은 경우는 못 하는 경우가 많았다. 왜냐하면 새벽에 하는 것들은 묵상, 독서, 필사, 영어 등 지금 당장은 중요해

보이지 않는 일들이기 때문이다. 새벽에 이것들을 끝내지 않으면 갑자기 닥친 일들 때문에 빼먹을 확률이 높았다. 그러나 이 모든 것을 새벽에 몰입해서 끝내버리면 남은 하루는 심리적, 시간적 여유를 확보할 수 있게 된다.

셋째, 잠자는 시간이 기다려진다. 새벽에 못 일어나는 날은 목표했던 것을 못 했구나 하는 마음에 밤에 무엇을 더 하려고 했던 적도 많았다. 그러면 수면 시간이 늦춰지고 다시 아침에 일어나는 것이 힘들어지면서 몸의 리듬이 깨지고 쉽게 피곤해졌다. 자더라도 이것저것 못 했다는 불안감에 깊은 잠을 자지 못하기도 했다. 그런데 새벽 시간을 집중해서 충실히 보내면, 그날 해야 할 일을 다했다는 충만감이 인다. 더불어 내일을 하루빨리 맞이하고자 자는 시간이 오히려 기다려진다.

새벽 독서, 몰입의 힘은 세다. 이 시간은 그 누구도 방해하지 않는 세상에서 유일한 나를 만나는 시간이다. 특히 새벽에 독서로 뇌를 깨우고 마음을 채운다면 하루가 풍요로울 것이다. 직장인이나 육아 맘으로 시간이 부족하거나, 수많은 정보로 뇌가 지치고 집중력이 약해졌다면 새벽 독서의 몰입을 경험해보라.

02

혼자 있는 시간을 즐겨라

밖으로 나가지 마십시오. 당신 자신에게 돌아오십시오.
진리는 내면에 존재합니다.

- 아우구스티누스 -

검색 말고 사색

2018년도에 〈SBS 스페셜〉이라는 프로그램에서 '검색 말고 사색, 고독 연습'이라는 타이틀로 한 콘텐츠가 방영이 된 적이 있다. 네 명의 젊은이 들이 등장하는데 이들 각각은 오직 한 사람만 쓸 수 있는 '고독의 방'이라 는 곳에 갇혀 3~4일을 지내야 했다. 스마트폰, 컴퓨터, 친구, 가족도 없 는 절대 고독의 시간을 보내야 했다. 이들 모두는 혼자 있는 시간의 가치 를 모르거나 그 시간을 모두 힘들어하는 사람들이었다.

한 젊은이는 SNS와 셀카에 오롯이 빠져 있다. 또 한 젊은이는 인터넷

쇼핑몰로 성공했지만 주말에는 카페 알바를 한다. 돈을 더 벌거나 경험을 위해서가 아니라 혼자 있는 것이 두렵고 우울한 생각이 계속 들어서다. 그녀가 집에 가자마자 바로 하는 일은 TV이든 라디오든 무언가를 틀어놓는 일이다. 누군가의 목소리가 필요하기 때문이다. 혼자 있는 것을 피하기 위한 그녀만의 노하우다. 그녀는 혼자 있지만 진짜 혼자 있는 것은 아니었다.

한 젊은 대학생은 사람이 재산이라는 신념을 가지고 3일에 7시간을 자면서 SNS 친구를 1,200명까지 만들고, 모든 시간에 일정을 채워넣는다. 23세까지 활동한 이력이 A4 6장을 채운다고 한다. 그는 수많은 사람의 안부를 묻느라 자신의 안부는 묻지 않고 살아왔다고 고백한다. 마지막 젊은이는 막 입시가 끝난 고3 남학생이다. 그는 자아 성찰이 필요 없다고 한다. 대학 못 가면 아무 소용이 없고, 대학 붙고 나니 어떤 고민도 없다고 말한다.

이제 네 명의 젊은이들이 자발적으로 감금된 고독의 방에서 생각해야 할 단 하나의 주제는 '나는 누구인가?'이다. 주어진 것은 자신의 생각을 표현할 카메라 한 대뿐이다. 혼자만의 시간을 가져본 적이 없는 사람들, 외면하고 싶은 진짜 나의 모습은 무엇이었을까?

이처럼 많은 사람들이 혼자 있는 것을 두려워한다. 홀로 있음으로 자신과 독대해야 하기 때문이다. 자신과 독대하는 것을 사람들은 왜 힘들어할까? 이는 이 세상 속에서 나 홀로 서는 무거운 책임감을 받아들이는 것이기 때문이다. 내 안에 억압된 과거의 상처, 쓰레기 같은 부정적인 감정을 대면해야 하기 때문이다. 그것을 대면하고 만나는 것은 고통스럽다. 좋은 것만 보고 생각하는 것은 노력하지 않아도 자연스럽다. 그러나 애써 부정적이고 고통스러운 감정과 기억을 맞닥뜨리는 것은 마음의 에너지가 들어간다.

그리고 그것은 나로 하여금 '생각'이라는 것을 하게 한다. '내가 왜 이런 감정을 느껴야 하는지? 왜 그것이 기억이 나지? 왜 살아야 하는지? 어떻게 살아야 하지?' 등의 물음을 던진다. 물론 과도한 자기 몰입은 자기 연민과 혐오에 빠져 오히려 성장에 방해가 된다. 그러나 생각하는 대로 살지 않으면 사는 대로 생각하게 된다.

셀카에 집착했던 여자는 혼자 있으면서 과거의 기억과 맞닥뜨리게 되고, 막 입시를 마친 젊은이는 잘하는 일보다 좋아하는 일을 위해서 재수를 결정한다. 혼자 있는 것을 두려워해 주말에도 카페 알바를 했던 여성은 자신 안에 외로움이 있는데 그것을 인정하지 않았던 것을 발견하게 된다. 24시간이 모자랄 만큼 타인을 위한 활동을 채웠던 젊은이는 오랜만에 자신만을 생각하며 과거에 외롭고 소심했던 자신을 직면한다. 이모두 고독의 방에서 혼자만의 시간을 가진 결과이다.

응시의 공간

혼자 있을 때 자신을 오롯이 응시할 수 있는 공간이 생긴다. 이 시간을 충분히 가질 때 응시할 수 있는 힘도 생긴다. 응시할 때 자신이 누구인지 발견한다. 부모와 사회가 규정해준 나가 아니라 진짜 나의 모습을 발견해갈 수 있는 것이다. 그러나 현대 사회는 진짜 나를 발견하는 고독의 시간을 질투하고 여러 자극적인 요소들로 현혹해 진짜 나다운 삶을 살 기회를 앗아간다.

인도의 성자 라마나 마하리쉬는 '자신을 아는 것이 인류를 위한 가장 위대한 봉사'라고 말했다. 왜 자신을 아는 것이 인류를 위한 가장 위대한 봉사가 될까? 혼자 있을 때 부모와 사회에 의해서 어쩔 수 없이 그렇게 살았던 가짜 나의 모습을 직면할 수 있다. 우리 각자에게는 자신만의 DNA, 개성, 독창성이 있다. 그것은 자기 운명을 결정하며 대중으로부터 자신을 구별한다. 그러나 오랜 시간 주입된 교육과 가부장적인 사회, 그리고 자기만의 생각을 만들어가는 고독의 시간을 갖기 힘든 환경은 진짜 나를 발견하는 것을 막는다.

그래서 결국 사회가 만들어놓은 기준 아래 각 개인의 존재감은 사라진다. 그는 평생 타인의 모습을 흉내 내고 사회가 만든 도덕과 윤리, 기준을 맹종한다. 니체는 자신의 양심보다 사회의 관습이나 법에 순응하는 심리를 '군중 본능'이라고 했다. 군중이 가진 폭력이 개인의 힘보다 강하기에 인간은 자기다움을 포기한 채 쉽게 군중에 영합하는 것이다.

혼자만의 시간에 갖는 독서는 이런 군중 본능에 저항할 수 있는 힘을 준다. 가짜와 진짜 구분할 수 있는 눈을 뜨게 한다. 타인이 정해놓은 규율이 유일한 법이라 믿고 쉽게 복종하며 평생 노예로 살 뻔한 삶에서 벗어나게 된다.

'혼자 있음'은 물리적인 것만 뜻하지 않는다. 앞의 한 여성과 같이 물리적으로 혼자 있어도 혼자 있지 않을 수 있다. 자신을 발견하는 장소는 마음의 눈으로 봐야 하는 내면 깊숙한 어느 곳이다. 그래서 이 힘을 키운 사람은 어디에 있든 자신만의 내면의 방에 거할 수 있는 힘이 생긴다. 조금은 소란스러운 지하철에 있든 카페에 있든 물리적 환경은 중요하지 않다. 그들은 어디에 있든 곧바로 자신만의 고독의 방에 들어갈 수 있는 것이다.

고독 할당량을 채워라

TV도 스마트폰도 없던 시대에는 고독이 쉽게 주어지고 그로 인해 사유할 수 있는 시간이 많았다. 그러한 환경은 아주 어린 나이에도 탐구하고 몰입해 후손에게 남길 만한 위대한 책도 쓸 수 있게 한다.

그러나 현대인들은 정말 쉽지 않다. 자극적이고 화려한 미디어와 광고들이 우리의 24시간을 쫓아다닌다. 그것은 우리의 말초신경을 자극해 즉각적으로 쾌락을 가져다준다. 재미있는 것들이 너무 많이 있기 때문이 굳이 혼자 있을 필요를 못 느낀다. 또한 우리는 24시간 연결되어 있다. 이런 연결망은 집과 일터의 구분을 사라지게 한다. 이는 몸과 마음의 쉼을 앗아간다. 우리의 외로움을 즉각 채워줄 연결망이 손 안의 버튼 하나만 누르면 되기에 굳이 혼자 있는 선택을 할 필요가 없다.

유튜브 〈신기율의 마음 찻잔〉을 운영하는 신기율은 『은둔의 즐거움』이란 책을 썼다. '은둔'이라는 단어는 '고독'보다도 더 진하다. '고독'이 그저 홀로 있는 상태를 묘사한다면 '은둔'이라는 단어는 세상을 피해 숨는 더 적극적인 행위를 말한다. 현대인들에게 은둔이라는 단어는 매우 어색하다. '은둔'이라는 단어는 모든 것과 연결되고 노출되어 있는 현대인과는 잘 어울리지 않아 보인다. 그러나 그러하기에 현대인들에게 적극적인 은둔이 더더욱 필요하다.

신기율은 책에서 이렇게 말한다.

"혼자라는 감정은 내가 점점 고립되어가는 외로움이 아니라, 삶의 좀 더 깊은 본질을 경험하게 하는 더 '좋은 고독'에 다가가게 한다. 좋은 고독은 내 삶의 면역을 가장 키우는 가장 훌륭한 치료자이기도 하다."

저자는 '은둔'이 외로움이 아니라, 삶의 본질을 더 깊게 경험하는 것이라고 말한다. 그리고 좋은 고독과 나쁜 고독이 있다는 것이다. 좋은 고독은 우리를 치유하고 성숙하게 하지만 나쁜 고독은 끝없는 자기 연민과 비하로 이끌 것이다.

고독에 처할 때 '외로움'이라는 감정에 부딪친다. 우리는 보통 외로움이라는 것을 부정적으로만 본다. 그러나 외로움은 우리 자신을 대면하게 하고 그로 인해서 내면의 성숙과 더불어 삶의 면역을 키우는 치료를 가져다준다. 누구에게나 외로움을 경험하고 맞닥트릴 수 있는 능력이 있다. 그러나 현대의 발달된 기술은 외로울 수 있는 능력을 앗아간 것 같다.

또한 신기율은 누구에게나 고독 할당량이 있는데, 고독의 그릇을 채우기 위해 '고독할부'를 해보라고 권면한다. 고독할부는 '값비싼 물건을 수개월 동안 나눠서 결제하는 것처럼 짧은 시간을 반복해 고독의 양을 채워가는 것'을 말한다. 하루를 시작하는 새벽 또는 자기 전에 고독의 시간을 가질 수도 있고, 한 달에 하루, 1년에 일주일 등 정기적으로 깊은 고독의 시간을 가질 수도 있다. 아니면 하루의 일정 속에 수시로 자발적인 은둔에 들어갈 수 있다.

누구에게나 고독 할당량이 있다는 것을 기억하라. 이 시간이 당신을 더욱 성숙케 할 것이다. 나는 이 고독의 시간을 무척이나 사랑한다. 수시로 나만의 은둔으로 들어간다. 정기적인 시간을 내기 어렵다면 자신만의 리듬 속에서 수시로 고독의 양을 채워가는 것을 연습하라. 이 시간의 기쁨을 맛보게 되면 애써 그 시간을 챙기는 자신을 발견할 것이다.

03
___

나만의 독서 환경을 만들어라

만 권의 책을 읽으면
만 가지 성공 습관을 얻는다.

- 작자 미상 -

SNS 기록하기

전 국민의 손에 거의 스마트폰이 들려 있다. 많은 이들이 SNS를 하고 있다. 손 안의 스마트폰은 누구나 정보에 쉽게 접근하는 길을 열어주었다. 이제 SNS을 통해 뉴스도 보고, 정보도 얻고, 쇼핑도 한다. 이처럼 SNS의 용도는 다양하다. 이런 SNS는 습관 형성에 굉장히 중요한 도구가 될 수 있다.

SNS에 기록하는 것은 목표를 설정하고 그것을 실천하는 데 도움을 준다. 작년 초에 코로나가 시작되면서 블로그와 인스타 계정을 새로 만들었다. 온라인으로 모든 것이 재편되기 시작하면서 새로운 소통의 출구가 필요했다. 읽기만 하다 보니 기록하고 싶은 욕구가 생겨났다. 그전에도 기록은 했지만 흐지부지한 적이 많았고, 그것은 여러 군데 흩어져 있었다.

인스타는 지인들과 소통하는 계정으로 아주 간간히 사용하는 정도였다. 그러나 인스타그램은 다섯 개 계정을 만들 수 있다는 사실을 알고, 북 계정과 새벽 계정을 추가로 만들었다. 이미 이런 식으로 많은 사람들이 다양한 계정을 운영하고 있었다. 책과 새벽 계정에는 지인들이 하나도 없었지만 비슷한 관심사의 사람들이 서로 친구를 맺어갔다.

두 달 정도 가까이 되자 5백 여 명의 친구가 생겼다. 정말 한 번도 만난 적이 없는 사람들과 SNS로 연결되었다. 1년이 지난 지금은 북계정은 2천 명이 넘어가고, 다른 소통 계정은 4천 명이 넘어간다.

처음엔 꽤 두려웠다. '이 사람들 뭐지? 나를 잘 알지 못하면서 내 피드에 글도 남기고, 인사도 하고 좋아요도 눌러주지?'라는 생각이 들었다. 지인들과의 소통만 주로 했던 나는 모르는 사람들끼리 소통하는 것이 꽤 어색했다. 내 피드에 달린 댓글에 답변은 해도 모르는 사람 피드에 내가 먼저 댓글을 쉽게 달기 힘들었다.

그리고 모르는 사람이 넘쳐나는 공간에 나의 생각을 끄적거린다는 자체가 원래의 나와는 참 어울리지 않았다. 처음엔 두려웠다. 내 생각과 마음을 마음껏 드러내는 공간이 나라는 사람에게는 너무 익숙하지 않은 것이었다.

그런데 한 달 정도 지나니 그런 자기 검열이 사라졌다. '내 생각을 누가 뭐라 하든 무슨 상관이야, 누가 뭐라든 뭐가 어때서.'라는 생각이 들기 시작했다. 내 피드에 '좋아요'를 누르고 가는 사람들이 내 글을 다 읽는지는 모르겠지만, 많은 사람들의 응원에 더 열심히 책을 읽고 새벽 루틴을 지켰다. 누군가 나를 보고 있다는 느낌은 강력한 환경 설정이 된다. '좋아요'의 힘은 은근히 세다.

좀 더 시간이 지나자 SNS 공간에서 새로운 사람들을 만나는 것을 나는 즐기고 있었다. 꾸준히 '좋아요'를 누르고 소통하는 사람들이 눈에 띄기 시작했고 친숙하게 느껴졌다. 많은 사람들이 이곳을 하루에도 수십 번씩 드나들고 있는 것을 보았다. 플랫폼은 새롭게 생겨나고 사라지기도 한다. 이 새로운 공간에 내가 너무 늦게 입장한 것은 아닌가 싶기도 했다.

이렇게 나는 조금씩 인스타적 사람이 되어가고 있었다. 그렇게 블로그, 인스타를 하면서 나는 매일 무엇인가 꾸준히 하게 되었다. 지나친 SNS는 삶에 방해가 되기도 하지만 잘 이용만 한다면 그것은 강력한 환경 설정이 되어서 읽고 쓰는 루틴을 꾸준히 할 수 있도록 도와주었다.

모든 습관 형성에서 시각화를 강조한다. SNS 기록은 시각화와도 관련이 있다. 독서 목표를 적고 하나하나 채워가면서 작은 성취감을 느끼게 된다. 그 성취감은 또 동기 부여가 되어 그다음을 이어갈 수 있게 된다. 나도 그렇게 1년 이상을 꾸준히 거의 매일 읽고 썼다. 처음에는 고도의 노동을 하는 느낌이었지만 이젠 하지 않으면 안 되는 나만의 습관이 된 것이다. 독서 습관을 잡기 위해서 SNS를 잘 활용했으면 좋겠다. 목표를 세우고 지속하는 데도 SNS 기록은 많은 도움을 준다.

함께 읽기의 힘

뭐든지 새로운 습관을 들일 때 혼자 하면 작심삼일이 될 수 있다. 그러나 함께 하는 힘은 세다. 온라인상에서 함께하는 모임이나 챌린지들이 많이 이루어지고 있다. 온라인으로나마 자신의 습관을 일정하게 하고 원하는 목표를 이루고자 어떤 환경에 자신을 가두는 것이다.

인원 모집을 한 후 톡이나 줌 등 폐쇄적인 공간에서 이루어지는 독서 모임도 있고, 챌린지나 인증샷 형식으로 이루어지는 습관 모임도 있다. 자신의 상황에 맞는 형태를 선택하면 된다.

나도 책을 읽다가 매너리즘에 빠지거나 어떤 새로운 책들을 접하고 싶을 때 이런저런 독서 모임을 기웃거린다. 내가 읽지 않는 장르의 책 모임을 선택해서 해보기도 하고, 잘 읽지 않는 장르의 문장을 필사하는 모임에 참여도 해본다. 함께하면서 하나의 책을 통해서 듣는 다양한 생각과 느낌들은 다시 독서 의욕을 높여준다.

『프로페셔널 스튜던트』를 쓴 김용섭은 새로운 시대의 평생교육을 위해서 토론과 글쓰기에 대해서 강조한다. 18세기 이전에 소수의 귀족 계층은 일대일 혹은 소수의 토론식 수업을 했다. 교양을 키우고 인성과 창의성을 키우기 위해 인문학과 예술을 공부했다.

그런데 19세기 이후에는 전 국민의 의무 교육으로 소수의 토론이 아닌 강의실에서 이루어지는 일방적인 소통의 수업을 했다. 질문하고 생각하기보다는 지식을 전달하고 암기하는 데 집중했다. 산업 사회에 맞는 인재 양성을 위해서 지식 정보 습득에 중점을 두었다. 우리가 주로 배운 방식은 19세기 이후의 교육 방식이다.

그러나 20세기를 거쳐 21세기가 되었지만 여전히 그 방식은 바뀌지 않고 있다. 교실 밖은 너무도 빨리 변하고 있는데, 할아버지와 부모가 공부했던 교실에서 자녀 세대도 똑같이 공부하고 있는 것이다.

인공지능과 로봇, 자동화가 인간의 노동을 대신하는 시대에 교육이 더 이상 노동자를 키우는 방식으로 가서는 안 된다. 기계는 인간이 할 수 있는 대부분의 일을 해갈 것이다. 이제 인간은 기계가 할 수 없는 일들을 맡아야 한다. 그것은 창의력이 필요한 일들이다. 공교육은 비슷한 교육을 모두가 똑같이 받는 것이 아니라, 한 사람 한 사람의 잠재력을 끌어낼 수 있는 개성적인 형태로 가야 한다.

이를 위해서 토론식 교육은 질문력을 기르고 창의성을 개발하는 데 매우 효과적이다. 김용섭 저자도 "암기나 단순 이해가 아니라 깊이 있는 사고와 창의력을 키우기에 토론만 한 게 없다."라고 말한다. 또한 그는 "토론은 가장 오래된 교육법이면서 가장 강력한 교육법이기도 하다."라고 권한다.

『질문하는 독서의 힘』에서 김민영은 "다양한 사람이 책을 읽고 만나는 자리는 고정관념의 각질이 떨어지며 새살, 새로운 생각이 돋아나는 경험을 할 수 있다."라고 말한다. 독서 모임은 고정 관념을 깨트리는 장이다. 특히 다양한 세대와 함께하는 공간에서는 생각의 차이로 인한 긴장감을 더욱 경험하기도 한다. 그러나 경청과 열린 마음으로 참여한다면 고정 관념을 더 강화하는 것이 아니라 자신의 편견을 직시하고, 서로를 이해하고 갈등 통합을 배워가는 자리가 될 것이다.

우리는 글로벌한 세상에 살고 있지만 우리의 생각과 가치관은 자신이 경험해온 것들에 제한된다. 그로 인해서 우리 사회는 세대 간, 부부간, 동료 간 다양한 갈등을 경험한다. 그렇게 자신만의 세계에 갇혀서 자신의 생각이 전부라고 생각하는 것은 '고정 관념'으로 정착한다. 고정 관념의 각질을 털어내고 새로운 생각들을 만나고 넓혀갈 수 있는 공간이 독서 모임이다. 하나의 책을 읽고 나누는 다양한 생각은 우리의 편견을 깨고 새로운 생각을 창조하는 데 마중물이 될 것이다.

혼자 책을 읽기 힘들다면 함께 읽기를 시도해보라. 100권을 읽고 토론까지 한다면 당신의 인생이 바뀔 것이다. 온, 오프의 공간에서 다양한 모임들이 당신을 기다리고 있다. 도서관과 SNS와 다양한 커뮤니티에서 운영하는 독서 모임들이 있다. 무료도 있고 유료도 있다. 각각 장단점이 있지만, 유료는 돈을 투자했기 때문에 더욱 습관을 들이기 좋고 퀄리티도 더 나을 수 있다. 암튼 안 읽을 핑계를 댈 이유는 없다.

04

틈새 독서로 책과 동행하라

단단한 루틴을 가진 사람은
실패할 틈이 없다.

- 보도 섀퍼 -

'시간이 없어서'라는 가장 어리석은 변명

토머스 에디슨은 "변명 중에서도 가장 어리석고 못난 변명은 '시간이 없어서'라는 변명이다."라고 말했다. 현대인들은 '시간이 없어서.'라는 말을 달고 산다. 그런데 정말 시간이 없는 것일까? 먹은 것이 그 사람이 되듯이 그 사람의 시간 사용의 흔적을 보면 그 사람을 알 수 있다. 시간이 없어서가 아니라 책을 읽어야 할 만큼 아직 절박하지 않아서 읽지 못하고 있는 것이다.

물론 과거보다 책을 읽기 힘든 여러 가지 환경들은 존재한다. 어린아이들은 학원을 돌기에 바빠서 충분한 잠을 자고 친구들과 마음껏 어울릴 놀 권리를 빼앗기고 있다. 그마저 생기는 휴식은 게임으로 보낸다. 대학생들은 취업 준비로, 직장인들은 24시간 일과 육아를 감당하다 보면 녹초가 된다. 은퇴한 장년층도 별반 다르지 않다. 나 또한 퇴직을 하고 잠깐 쉬는 중에 '백수가 과로사한다'는 말을 실감할 수 있었다. 우리 모두 정말 바쁘다.

그럼에도 정말 책을 읽는 것에 가치를 두고 있다면 없던 시간도 생겨난다. 사람은 생각보다 굉장히 창의적이다. 자신이 마음만 먹는다면 어떻게든 궁리를 해서 목적한 바를 이루려고 한다. 누군가의 마음에 들고 싶다면 어떤 방법을 동원해서라도 그 사람 마음에 들 방법을 찾아내듯이 말이다. 가끔 아이가 자신이 원하는 것을 위해 나를 설득할 때가 있다. 내가 설득을 당할 때까지 아이는 온갖 말로 나를 힘들게 한다. 그런 창의성이 공부할 때도 나오면 얼마나 좋을까 생각하며 속으로 웃은 적이 있다.

독서하는 데 시공간의 문제는 없다

독서하기로 마음을 정했다면 창의적으로 읽을 궁리를 해보라. 바쁜 일정 속에서도 책을 읽는 데는 다양한 방법이 있을 수 있다. 출퇴근 시간을 이용할 수 있다. 이미 많은 직장인들이 지하철 안이 가장 효율적이고 집중이 잘되는 공간임을 경험하고 있다. 전철 안은 사람들로 인해 어수선하고 약간의 소음도 있지만, 백색소음이라 하여 오히려 이런 환경이 집중력을 가져다준다는 연구 결과도 있다.

사람이 붐비는 지하철에서는 전자책을 이용해도 좋다. 전자책은 가지고 다니기도 편하고 넘기기에도 좋다. 오디오로도 들을 수 있기에 상황에 적절하게 이용할 수 있다. 잘 넘어가지 않는 고전과 같은 책을 읽는 것도 좋다. 한 문장이나 한 페이지만 읽어도 생각할 거리들이 많아서 지하철에서 잠시 읽고 생각하기에 적합하다.

점심시간을 이용해 책을 읽거나 책까지 쓰는 작가들도 있다. 나 같은 경우는 자동차를 주로 이용하기 때문에 전자책을 이용해 오디오로 틀어놓고 들은 적도 많다. 한번은 가족들과 놀러 갔다가 돌아오는 길에 모두가 자고 있어 그것을 듣고 있었더니 옆에 앉은 동생이 굳이 그렇게까지 읽어야 하냐며 핀잔을 준 적도 있다.

나는 TV를 볼 때도 무릎에 책을 올려놓고 본다. 아주 정독해야 할 책이 아니라면 TV의 내용을 파악하면서도 책의 이야기도 충분히 따라갈 수 있다. 요즘은 중간중간 광고도 자주 등장하기 때문에 그 시간에는 더욱 몰입해서 책을 읽을 수 있다.

외출할 때는 꼭 책을 챙기자. 꼭 빈틈이 생긴다. 어떤 날은 정말 '책 읽을 시간은 없을 거야.' 하고 챙기지 않았는데, 그날도 어김없이 빈 시간이 생겼다. 책이 없으면 괜히 스마트폰만 만지작거리거나 무의미하게 시간을 흘려버리게 된다. 그러면 '책을 챙겼어야 했는데.'라는 뒤늦은 후회를 하게 된다.

대중교통을 기다리는 순간, 카페에서 누군가를 기다릴 때를 적극 활용하자. 나는 책을 더 읽고 싶어 차가 늦게 오거나 누군가가 늦게 오기를 바란 적도 있다. 그 시간이 집중이 제일 잘되기 때문이다. 5분 10분이라도 틈틈이 생긴 시간에 하는 독서는 집중이 더 잘될 뿐만 아니라 기억에도 잘 남는다. 드라마 다음 편이 궁금해지는 것처럼 못다 읽은 다음 내용이 궁금해서 독서에 대한 의욕도 더욱 높여준다.

손에 닿을 거리에 책을 두자. 소파 옆, 침대 옆, 화장실, 주방 테이블 옆 곳곳에 책이 보이게 하자. 보이는 제목에 이끌려 책을 집어 들기 쉬워진다.

시간대마다 다른 장르의 책을 읽어보아라. 집중이 잘되는 새벽이나 오전에는 정독을 해야만 하는 묵직한 책을 읽고, 몸이 조금 피곤해지기 시작하는 오후나 저녁에는 가벼운 에세이나 소설류, 실용서를 읽어라. 자기 전에는 하루를 돌아보며 명상할 수 있는 책을 선택해 읽으면 좋다.

매일 틈새 5분만 확보해도 한 달이면 2시간 반, 한 권을 읽을 수 있다. 집이나 도서관 등 조용한 곳에서 집중할 수 있는 시간을 떼어내야만 독서할 수 있다는 편견을 이제 버려라. 당신의 의지와 책 한 권만 준비된다면 그곳은 바로 최고의 독서 공간이 될 것이다.

시간 관리자가 아닌 시간 창조자가 되어라

하루 24시간은 누구에게나 공평하게 주어지는 선물이다. 그러나 어떤 이에게는 24시간이 48시간이 되기도 하고, 어떤 이에게는 10시간의 가치도 되지 못한다. 그것은 왜일까? 똑같은 시간을 살고 있지만 시간의 밀도가 다른 것이다. 몰입을 하면 30분이 3시간의 효과가 될 수도 있다.

다시 말하지만 책 읽을 시간이 없다는 말은 핑계다. 책 읽을 마음이 없을 뿐이다. 우리는 수시로 스마트폰 속 세상을 들락날락하고 TV와 뉴스를 보는 데는 시간을 곧잘 흘려보낸다. 책을 많이 읽는 사람은 시간이 더 많아서 읽는 것이 아니다. 누구에게나 똑같이 주어진 시간 동안 책을 읽기로 선택한 것뿐이다.

오바마 대통령은 "나는 대통령 업무를 수행하는 8년 동안 매일 저녁 하루 1시간씩 독서를 했다."라고 말한다. 『1천 권 독서법』을 쓴 전안나는 두 아이의 엄마이자 사회복지사로 일하는 직장인임에도 하루 한 권 독서를 실천하고 있다. 당신이 대통령보다 바쁘지 않으며, 워킹맘이 핑계가 될 수 없다.

시간 관리자가 아니라 시간 창조자의 삶을 살라. 성공한 사람들은 모두 시간 관리자가 아니라 시간 창조자였다. 시간 관리자란 의무적으로 시간에 맞춰 해야 할 일들을 처리하는 사람을 말한다. 그러나 시간 창조자는 없던 시간도 만들어내는 데 도사다.

김미경 강사는 코로나 이후 MKYU 대학을 온라인에 열어 학장이 되었다. 그는 코로나 기간에 『리부트』라는 책을 쓰고 디지털 세계로 진입하면서 많은 사람들을 그리로 초청했다. 그리고 새로운 세계에 적응하고 공부하고 사업하느라 바쁜 와중에도 매일 영어를 공부한다. 『리부트』 영문 출판을 하고 여러 영어 인터뷰와 강의를 소화하기 위해서다. 이미 많은 것을 이루었음에도 지치지 않고 늘 새로운 것에 도전하는 그 열정과 에너지가 놀랍다. 너무도 바쁜 그녀는 과연 영어를 언제 공부할까?

그녀는 한 강의에서 "꿈을 이루어간다는 것은 내가 나한테 내는 숙제의 양이다."라고 말했다. 김미경 학장은 그 꿈을 이루기 위해서 24시간 중 가장 몰입이 잘되는 새벽 시간을 활용하고, 틈틈이 읽고 쓰고 말하면서 자신에게 부과한 숙제를 자발적으로 이루어가고 있었다.

『멘탈의 연금술』의 저자 보도 섀퍼는 "가장 경계해야 할 것은 좀비처럼 일하는 것이다. 포기한 것도 아니고 속도를 붙이는 것도 아닌, 아무 영혼 없는 움직임으로 하루를 보내는 사람이 되는 건 최악이다."라고 말했다.

영혼이 담겨 있느냐 없느냐에 따라서 시간의 밀도는 달라지며 틈새 시간도 보일 것이다.

더 이상 '시간이 없다'는 핑계를 대지 말자. 책을 읽고자 의지를 다졌다면 창의적으로 읽을 궁리를 해보자. 틈새 독서는 당신의 시간을 더욱 밀도 있게 쓰게 한다. 모든 사람에게 공평하게 주어진 것은 오직 시간뿐이다. 그 시간을 어떻게 사용하느냐에 따라 그 하루의 가치는 달라지고, 인생이 달라질 수 있다. 틈새 시간에 책과 동행함으로 더 충만한 순간과 단단해져가는 나를 만나보자.

05
——

하루 한 페이지 필사하는 습관을 가져라

그들의 영혼을 기록한 책으로 나의 가슴과 머리에 그들의 영혼을 이식하라!
이것이 바로 내게 없는 것을 남에게 배우는 가장 손쉬운 방법이다.

– 김시현 –

필사로 명상하라

새벽 기상을 하면서 필사를 시작하게 되었다. 새벽에 일어나 책을 읽고 있는데, 갑자기 손으로 무엇인가 끄적이고 싶었다. 내 손은 노트북에 최적화되어 있다. 말하는 속도를 받아 적을 만큼 빠른 속도로 타이핑을 한다. 그런데 새벽에 갑자기 웬 아날로그적인 감성이 올라왔는지 안 쓰는 노트를 책장에서 꺼내서 연필로 책 속의 문장들을 적어갔다.

손은 '제2의 뇌'라고 한다. 실제로 손으로 쓰니 조금씩 정신과 영혼이 깨어나는 느낌이었다. 오랜만에 필사를 해서인지 쓰고 있는 나 자신도 손도 참 어색해했다. 내 글씨체를 쳐다보며 내 글씨체가 이러했었나 하는 낯선 감정도 대면했다. 그런데 손보다 마음이 더 빨라서 쓰는 것이 빨리 쓰고자 하는 마음을 쫓아가지 못했다. 누가 쫓아오는 것도 아닌데, 뭐 그리 빨리 쓰려고 하는 것인지.

쓰는 손과 마음의 괴리가 커지면서 그 충돌에 순간 정신이 혼미해졌다. 마음은 계속 손에게 '시간이 없어, 빨리빨리 해, 좀 더 속도를 높여.'라고 재촉했다. 나는 그만큼 현대인의 빠른 생활에 물들어 있었던 것이다. 필사를 시작한 첫새벽에 나는 의도치 않게 나 자신을 돌아보게 되었다. 그동안 나는 내 몸의 경험을 느낄 새 없이 주어진 노동들을 빨리빨리 해치워갔다. 워킹맘이기에 그저 영혼 없이 주어진 일들을 하나씩 해가기에 바빴다. 그러는 사이 내 안의 감정, 몸에 느껴지는 감각을 알아차리는 능력은 상실되고 있었다. 필사를 하게 되면서, 손에서 느껴지는 감각을 통해서 몸의 감각이 깨어나는 것을 경험하게 되었다.

필사는 명상과 같은 효과가 있다. 현대인들이 명상을 하는 과정 속에 중요한 한 단계가 '알아차림'이다. 명상을 하면 산만한 생각들을 잠재우고 집중을 하게 되면서 호흡이 안정되고 자신을 돌아보게 된다. 그 속에서 자신을 알아차리게 된다. 우리는 초고속의 사회 속에 살면서 자신을 잃어버리고 있다. 겉으로는 바쁘게 움직이고 있지만, 정작 자신이 누구인지 무엇을 느끼고 있는지 무엇을 경험하고 있는지에 대해서는 소홀히 한다.

이렇게 바쁘고 효율성을 추구하는 세상에서 필사는 어쩌면 가장 비효율적인 일일 수도 있다. 예전에 한 강사가 "필사는 하지 마라. 별로 효과가 없다."라고 어느 강연에서 말했다. 비효율적이고, 그리 효과도 없고, 그 시간에 다른 것을 하는 것이 낫다는 것이다. 그 강사의 의도는 알았다. 나도 그 시간이 아까울 때가 있기 때문이다. 그러나 필사는 분주한 현대인들에게 명상과 치유의 효과를 분명히 가져다준다.

한 장을 정성껏 필사하려면 최소 30분은 걸린다. 온전히 집중하는 그 시간은 몸과 마음을 깨우고, 좋은 문장의 에너지를 가득 채우고 새기는 귀한 시간이다. 그동안 바삐 살았던 속도를 줄이고 조금씩 자신을 되찾는 길이 된다. 그리고 몸과 마음의 통합을 경험하는 시간이 된다. 하루에 한 문장이라도, 한 문단이라도 책을 읽다가 좋은 문장을 만나면 필사를 시작해보아라. 새로운 경험을 안겨다 줄 것이다.

필사 최고의 문장력 훈련

'글을 쓰는데 문장력이 나아지지 않는다, 책을 읽어도 어휘력이 느는 거 같지 않다'는 생각을 종종 하는 사람들이 있다. 필사는 정독 중에 정독을 하는 일이다. 정독은 다독이나 속독과 달리 낱말의 뜻을 하나하나 알아가며 자세히 읽는 과정이다. 읽는 속도는 느리지만 글을 깊게 이해할 수 있게 된다. 관찰력을 길러주며, 문장의 구조를 파악할 수 있도록 도와준다. 처음부터 문장력이 좋은 사람이 있을까? 작가들도 수많은 필사 속에서 문장력을 갈고닦는다. 끊임없는 연습과 훈련이 필요한 것이다.

소설가 조정래는 "소설을 베껴 쓰는 것은 백 번 읽는 것보다 나은 일이다."라고 했다. 소설가 김영하는 '필사는 느리게 읽기.'라고 말한다. 그는 김승옥의 단편『무진기행』을 필사하면서 그것이 굉장히 수학적인 소설이며 문단을 나누면 기승전결의 길이가 똑같다는 사실을 깨달았다고 했다. 이렇게 필사하면서 문장과 문장의 구조뿐 아니라 그냥 읽었을 때는 스쳐 지나갔을 내용을 깊이 알게 된다.

『엄마를 부탁해』를 쓴 신경숙은 대학 시절 방학 때 소설을 읽다가 필사를 시작했다. 그녀가 쓴『아름다운 그날』에 이런 글을 적었다. "그냥 눈으로 읽을 때와 한 자 한 자 노트에 옮겨 적어볼 때, 그 소설들의 느낌은 달랐다. 필사를 하면서 나는 처음으로 '이게 아닌데…'라는 생각에서 벗어날 수 있었다. 베껴 쓰기를 하는 동안의 그 황홀함은 내가 살면서 무슨 일을 할 것인가 각인시켜 준 독특한 체험이었다."라고 말이다. 필사를 하면 잘 읽을 뿐 아니라 결국에 잘 쓰게 된다.

무엇을 필사해야 할까? 우선 즐겨 읽는 책의 좋은 문장들부터 필사해 보라. 시, 에세이, 소설류는 우리 안에 평상시 잘 쓰지 않았던 감정과 생각의 선들을 건드려줄 것이다. 나도 에세이와 단편소설을 한 달간 필사한 경험이 있는데, 줄거리 중심으로 눈으로 읽을 때와는 달리 안 보이던 풍성한 어휘들로 인해 또 다른 기쁨을 느꼈던 경험이 있다.

『나는 왜 생각이 많을까』를 쓴 홋타 슈고는 스페인의 폼페우파브라대학의 조르디 쿠아드박 연구진에 의해 진행된 한 연구 결과를 소개한다. 그들은 3만7천 명을 대상으로 행복과 감정에 관한 조사를 실시했다. 이 조사에는 기쁨, 경의로움, 희망, 감사, 사랑, 자존심 등 아홉 가지의 긍정적인 감정과 분노, 슬픔, 두려움, 혐오, 죄악감, 불안 등 아홉 가지의 부정적인 감정을 각각 얼마나 경험하는지 묻고, 경험한 감정과 현재의 행복감을 비교 분석했다. 그 결과 다양하고 복잡한 감정을 경험하는 것이 정신적으로도 건강하고 행복도 또한 높은 것으로 나타났다고 한다. 특히 시, 에세이, 문학 작품은 미처 경험하지 못한 다양한 감정을 만남으로 특별한 행복감을 경험할 수 있다.

신문 사설이나 칼럼 등은 최고의 글쓰기 전문가들이 쓴 글들이기에 문장 구조나 흐름, 문법 등 글쓰기에 도움이 될 수 있다. 필사를 한 후, 그 내용을 한 문단으로 요약해보거나 간단한 자신만의 단상을 남겨본다면 이보다 좋은 글 쓰는 훈련은 없다. 뿐만 아니라 사회, 문화, 경제 등 다양한 영역에서의 지식과 통찰을 얻을 수 있다. 이렇게 다양한 장르를 필사하면서 다양한 문체를 익히게 되고 장르만의 특징을 파악하며 문장력을 키울 수 있다.

꼭 책 전체를 필사하지 않아도 된다. 명문장들을 발췌해 필사해간다면 문장력뿐 아니라 글쓰기 연습도 된다. 글쓰기 능력을 더 키우려면 한 문단 정도를 필사하고, 문장의 장단점을 분석하고, 형식은 그대로 두면서 자기만의 언어로 내용만 바꾸어보라. 이렇게 꾸준히 하다 보면 어느 순간 문장력뿐 아니라 글 쓰는 능력이 높아진 자신을 발견하게 될 것이다.

어떻게 필사해야 할까? 노트를 준비하고 천천히 필사해보라. 손으로 하면 좋지만 여러 여건이 안 된다면 컴퓨터로 필사해도 된다. 단, 컴퓨터로 하면 신경을 자극하는 경험이 적다. 나의 경우는 한 페이지 정도는 손으로 필사한다. 그러나 그것을 넘어가는 많은 양을 필사할 때는 컴퓨터로 기록한다. 컴퓨터로 하면 아무래도 속도가 빨라지다 보니 필사의 효과가 덜할 수 있다. 그래서 이럴 경우는 문장 단위로 끊어 낭독하며 필사한다. 이렇게 조금씩 필사하다 보면 필사의 매력을 느낄 수 있다. 여러 작가와 장르의 글들을 원하는 만큼 베껴 써보라.

처음엔 뭐든지 혼자 하기가 쉽지 않다. 나도 성경이나 고전의 좋은 문장은 필사를 해왔지만 다양한 장르의 필사는 하지 못했었다. 무엇부터 해야 할지 몰랐다. 그래서 다양한 필사 모임에 참여해보았다. 수필, 서평, 단편소설 등의 필사 모임에 참여했다. 보통 '30일 필사'로 진행되는 모임이 많았다. 함께하는 필사 모임에 참여하면 습관도 잡히고, 자신이 접하지 못한 다양한 작가와 작품도 소개받을 수 있다. 또한 다른 이들의 필사와 단상을 보면서 자신의 생각을 확장하는 효과도 누릴 수 있다.

필사는 글쓰기 초보자들도 쉽게 시작할 수 있다. 필사는 책을 깊이 읽는 정독 중 정독을 하는 독서법이다. 처음엔 자기가 좋아하는 장르의 작품부터 시작해서 다양한 작품으로 확장해보라. 읽지만 말고 필사한다면 어느 순간 몰입과 치유와 문장력까지 강화되는 효과를 누릴 수 있을 것이다.

06

읽는 사람에서 쓰는 사람이 되다

글쓰기는 수동적인 행위가 아니다. 종이 위에서 펼쳐지는 적극적이고 주도적인 자기 혁명이다.
나는 감히 글쓰기야말로 100번의 심리치료에 버금가는 치유와 자유를 가능하게 한다고 말하고 싶다.

- 김애리 -

휘발되는 독서에서 남는 독서로

나에게 독서는 강의를 하기 위한 생존 수단이자 내 영혼을 채우고 살리는 취미와도 같았다. 읽는 것은 나에게 어려운 문제가 아니었다. 읽은 내용을 다 기억할 수 없지만 콩나물시루에 물이 다 빠져나가도 콩나물은 자라는 것처럼 읽는 것들이 내 몸과 의식 어딘가를 지나가며 나의 관점과 방향을 인도하고 자라게 할 것이다.

그러나 좋은 문장들과 그때그때의 단상들을 기억하고 싶은데 생각이 나지 않아서 난감할 때가 있다. 내 존재 어느 구석에는 느낌적인 것으로 남아 있겠지만 기억에 없으니 누군가에게 내가 느꼈던 것들을 알려주고 싶어도 써먹을 수 없었다. 그래서 나는 블로그를 오픈했다.

대한민국 사람들은 대부분 네이버에서 검색을 하며 이를 활용한다. 그러나 어떤 이는 이를 생산 도구로도 사용한다. 블로그는 다른 이들의 글을 소비할 뿐 아니라 내 글을 생산할 수 있는 도구로 유용하다. 블로그를 처음 오픈하고 내 글을 쓰려니 얼마나 자기 검열에 들어가던지. '나의 글 솜씨가 탄로 나면 어쩌지, 내 생각을 비웃으면 어쩌지.' 등의 생각들이 나를 주저케 했다. 아직 이웃 하나도 텅 빈 블로그임에도 '썼다 지웠다', '공개와 비공개를 번갈아가는 행위'를 반복적으로 하고 있었다. 그렇게 한 달을 하니 다른 사람들을 의식하는 것에서 점차 자유롭게 되었다. '이렇게 쉬운 거였다니' 그동안 왜 그리 떨었는지 모르겠다.

블로그와 동시에 인스타그램도 북 계정을 추가로 하나 만들었다. 이 또한 신세계였다. 이미 북스타그램, 책스타그램 등의 해시태그로 문장과 단상을 기록하는 많은 이들이 있었다. 모르는 사이임에도 '좋아요'를 눌러주면서 서로 응원하고 있었다. 동기 부여가 되었다.

그렇게 블로그와 인스타그램에 문장이든 단상이든 기록하기 시작했다. 퇴직 전후로 조금 더 읽는 시간을 많이 확보했고 책 읽는 속도도 빨라져서 매일 한 권의 책을 읽고 리뷰할 수 있었다. 누가 검사하는 것도 아닌데 SNS가 강력한 환경 설정이 되어서 1년을 꾸준히 했더니 읽기만 하는 사람에서 쓰는 사람으로 변해가고 있었다.

SNS, 글쓰기 훈련소

SNS 글쓰기는 강력한 환경 설정이 될 뿐만 아니라 나만의 글쓰기 훈련소가 된다. 다양한 이모티콘과 사진 첨부는 글 쓰는 재미를 더해준다. 사실 독서는 아무 생각이 없어도 읽어갈 수 있다. 그런데 글을 쓰려면 생각하지 않고서는 쓸 수 없다. 뭐라도 문장의 끄트머리를 잡고 사고의 숙성을 거쳐야 나만의 새로운 문장이 탄생된다.

『책이 답이다』이라는 책은 삼성맨들의 책 읽기 습관을 다루고 있다. 책에서 저자는 자신이 쓴 책을 A부사장에게 선물하며 대화를 나누게 된다. A부사장은 이런 화두를 던진다. "성공하는 사람은 꼭 책을 읽는다. 그런데 책을 읽는다고 꼭 성공할까?"라고. 곧이어 그는 대답한다. "예전에는 책을 많이 읽는 사람은 50% 정도 성공한다고 생각했지. 하지만 지금은 책을 읽고 사색하는 사람은 100% 성공한다고 믿는다네." 우리는 검색에는 능하지만 사색에는 능하지 못하다. 나도 쓰면서 내 생각의 실체를 경험했다. 글을 쓰는 사람들이 얼마나 도를 닦는 시간을 보냈는지를 알 수 있었다. 위대한 생각의 탄생은 글쓰기에서 비롯되었던 것이다.

자신만의 개인 노트도 좋지만, 공개된 SNS에 글을 쓴다면 좀 더 강력한 동기 부여가 된다. 똑똑한 SNS 사용자가 되어라. SNS를 정보를 소비하는 데만 쓰지 말고 자신의 생각을 기록하며 글쓰기를 훈련하는 장으로 활용해보라.

『기록의 쓸모』를 쓴 저자 이승희는 "세상은 두 가지 유형의 사람으로 나뉜다."라고 말한다. 즉, 기록하는 사람과 기록하지 않는 사람이다. 저자는 일에 미쳐 사는 4년 동안 몸을 돌보지 않아 생긴 스트레스성 종양을 어느 날 발견한다. 기록이 없어 그동안 자신이 한 것이 무엇인지 하나도 떠오르지 않았다고 한다.

"아무것도 남아 있지 않은 느낌이었다. 퇴사하고 당분간 쉬고 싶었는데 손에 쥔 것이 없어서 퇴사할 수 없는 아이러니한 상황. 그때부터 포트폴리오로 정리할 겸 내가 한 일들을 복기하며 하나씩 기록해보기로 마음먹었다."

저자는 기록의 힘은 절대 작지 않다고 말한다. 모든 기록에는 쓸모가 있다는 것이다. 쓰면서 자신의 생각의 빈약함을 보게 되고, 내가 이런 생각도 할 수 있는 사람이었나 하는 놀라움도 발견하게 된다. 우리 모두에게는 빛과 같은 일상의 영감들은 있기 때문이다.

계속적인 글쓰기는 점차 자신만의 시선을 발전시키며 우리를 성장시킨다. 저자가 추천하듯이 다양한 기록의 형태가 있다. 업무일지, 블로그, 페이스북, 인스타그램, 브런치, 영감 노트, 여행 노트, 구글 문서, 아이폰 카메라 등 요즘에는 정말 생산성을 위한 다양한 앱이 준비되어 있다. 요즘처럼 쉽게 글을 쓰고 기록할 수 있는 환경은 없을 것이다.

저자 이승희는 다양한 SNS 플랫폼에 자신의 스쳐 지나가는 일상과 영감들을 남김으로 결국 『기록의 쓸모』라는 책 한 권을 탄생시킨다. 저자는 "기록들은 멈추지 않고 계속 진화된다."라고 말하는데, 기록이 모아져 한 권의 책으로 진화한 것이다.

나도 막상 책을 쓰려고 주제를 정하고 책상 앞에 앉으니 '잘 쓸 수 있을까? 내가 쓰고자 하는 생각들을 글에 잘 담을 수 있을까?' 하는 의심이 들었다. 그런데 막상 쓰려고 하니, 예전에 SNS상에 끄적거려 놓은 여러 단상과 기록들이 도움이 되었다. 책을 쓰면서 '아 그래서 책을 쓰는 사람들이 기록과 자료 수집을 그렇게 중요하게 여겼구나.'라는 것을 깨닫게 되었다.

그동안의 기록의 노동이 헛된 것이 아니었던 것이다. 기록의 슬럼프가 찾아오기도 했지만, 왜 해야 하는지를 더 명확히 알았다면 그 슬럼프를 더 잘 넘길 수 있었을 거 같다. '이럴 줄 알았으면 더 열심히 쓰고 기록할 걸.' 하는 생각도 들었다. 당신도 SNS에 글로 당신의 흔적을 남겨보라.

그곳은 당신만의 글쓰기 훈련장이 될 것이며, 인생의 기록이 될 것이며, 한 권의 책이 될지 누가 알겠는가.

영향력 있는 리더가 되고자 한다면 글을 써라

『다산의 독서 전략』이라는 책에서 이런 일화가 등장한다. 하버드대학교를 우수한 성적으로 졸업한 학생들에게 한 기자가 "희망이 뭡니까?"라고 묻자 대부분의 하버드대학생들이 "지금보다 글을 더 잘 쓰고 싶습니다."라고 대답했다고 한다. 사회 각 영역의 리더들을 키우는 하버드대학의 학생들은 아무리 훌륭한 지식을 얻었다 하더라도 글 쓰는 능력이 없다면 세상에 알릴 방법이 없다는 것을 알았던 것이다.

하버드뿐 아니라 미국의 명문 대학들은 하나같이 글쓰기 능력을 강조한다. 리더가 하는 가장 중요한 것이 글 쓰는 일이기 때문이다. 소통에 있어서 글쓰기의 중요성을 아는 것이다. 초등부터 대학까지 글쓰기 교육이 체계적으로 되어 있고, 대학 내에도 글쓰기 센터가 있을 만큼 학생들의 글쓰기를 돕는다. 그럼에도 최고의 대학을 다니는 학생들의 희망이 글쓰기라니 참으로 부러울 뿐이다.

미디어와 SNS가 발달한 지금은 누구나 글을 쓴다. 과거보다 글 쓰는 플랫폼들이 발달해서 쓰기가 더 쉬워졌다. 이를 통해 글쓰기 실력을 키울 수 있겠지만, 짧은 정보성 글과 기록들은 생각의 한계를 낳을 수 있다. 한 주제를 깊이 파고드는 묵직한 책 한 권과 그에 대한 사유를 풀어내는 글쓰기는 이런 한계를 보완해줄 수 있다.

SNS마다 플랫폼의 성격이 달라서 사용 목적에 따라 이용하면 된다. 인스타그램과 페이스북은 사진 위주이며 휘발되어버리는 느낌도 있어서, 조금 짧은 글에 적합하다. 블로그와 브런치는 좀 더 긴 호흡의 글을 기록하기에 적합한 플랫폼이다. 유튜브도 영상을 찍지만 결국 글로 자신만의 콘텐츠를 녹여내야 그것을 영상으로 만들 수 있다.

1인 미디어의 시대다. 누구나 자신만의 콘텐츠를 만들며 브랜딩할 수 있다. 그 모든 것의 기초는 글쓰기다. 개인 브랜드의 시대에 글을 쓰는 일은 너무도 중요한 것이다. 이제 읽고 소비하는 것을 넘어서 더욱 적극적으로 쓰고 생산하는 자로 거듭나길 바란다. 읽는 독서에서 쓰는 독서로 넘어간다면 또 다른 독서의 희열을 맛볼 수 있을 것이다.

내 삶의 주인이 되는 글쓰기

『책 쓰는 책』을 쓴 저자 김경윤은 이렇게 말했다.

"말의 영역에서도 불평등은 확인되지만 글의 영역에서는 불평등이 더욱 심화되고 있다. 특정한 사람만이 글을 읽고 더 소수의 사람만이 글을 쓴다면 글의 영역에서 민주주의는 결코 오지 않을 것이다. 민주주의 사회는 특정한 사람만이 글을 쓰고 소수의 사람만이 글을 읽는 사회가 아니라 국민 개개인이 활발하게 글을 읽고 자신의 생각을 글로 표현할 줄 아는 사회여야 한다. 이것이 내가 말하는 언어의 민주주의다."

우리나라 경우 '문자를 읽을 수 있는 능력'은 거의 100%에 가깝지만 그 의미를 파악하는 '실질적인 문해력'은 OECD 국가 중에서 최하위에 머물러 있다. 문맹률은 1%에 가깝지만 실질 문맹률은 75%에 이르는 것이다. 저자는 "자발적으로 문자를 읽고 해석하려는 사람은 아주 드물다."라며, "읽기 없이 쓰기는 없다"고 단호히 말한다.

과거에는 언어가 생긴 후에도 지배 계급만 말하고 쓸 수 있었다. 지금의 인터넷 시대에 모든 사람이 정보를 공유할 수 있기에 누구나 읽고 듣기뿐 아니라 말하고 쓸 수 있다. 읽기와 듣기가 수동적이라면 말하고 쓰는 것은 매우 적극적인 행동이다. 이제는 전문적인 작가만 책을 쓴다는 생각은 버려야 한다. 민주주의 시대에 누구나 당당히 말하고 글로 쓸 수 있어야 한다. 그것이 자기 삶의 주인이 되는 길이다.

많은 이들이 글도 쓰고 저자도 되려고 하지만, 우리나라 독서 현황을 보면 읽기도 제대로 안 되어 있는 것이 현실이다. 어릴 때부터 잘 읽고, 잘 쓰는 그래서 편향된 정보에 휘둘리거나 타인에게 종속된 삶이 아닌, 자기 삶의 주인이 되는 여정을 단단히 걸어갔으면 한다.

07

목적 있는 책 읽기로 인생을 바꿔라

좋은 결과를 내는 사람은
출력을 게을리하지 않는다.

- 소노 요시히로 -

양적 목표와 질적 목표

초보 독서가라면 처음에는 독서 권수의 목표를 세우고 읽는 것이 성취
감도 주고 도움이 된다. 그러나 책을 무작정 많이 읽는 것이 능사가 아님
을 깨닫는 순간이 올 것이다. 독서 권수를 채우는 것이 양적 목표라면,
책을 읽는 목적과 구체적 분야를 결정해 읽는 것은 질적 목표라 할 수 있
다.

처음에는 자신의 분야가 정해져 있지 않기에 양적 목표를 정해서 읽는
것을 추천한다. 그러나 읽으면서 자연스럽게 자신의 관심 분야와 주제가

정해질 것이다. 자신의 필요와 분야를 발견하게 되는 시점이 어떤 이에게는 300권, 어떤 이에게는 500권, 어떤 이에게는 1,000권이 될 수도 있다. 그때부터는 속도나 양적 목표가 아닌 목적 있는 책 읽기를 해라. 내 삶에 변화를 주지 않는 독서는 100권이든 1,000권이든 소용이 없다.

질적 목표는 이렇게 양적 목표의 독서를 하면서 자신의 필요와 열망을 발견하며 분야를 정할 수도 있고, 내가 앞으로 나아갈 분야를 찾아서 정할 수도 있다. 이렇게 의식적으로 자신이 되고 싶은 미래를 그리며 분야를 정하고 의도적으로 집중적인 독서한다면 결국 내 인생과 내가 바뀌는 결과를 낳게 될 것이다.

또 지금 하고 있는 업무에 대한 주제를 선택할 수도 있다. 마케팅 일을 하고 있다면 마케팅 관련 독서를, 고객 관리를 하고 있다면 고객 관리 관련 도서를, 문서를 만드는 일을 하고 있다면 그에 관련된 분야의 책을 집중적으로 읽으면 된다. 그러면 어느 순간 직장에서 전문성을 인정받게 되고 감당해야 할 일의 범위도 넓어지고, 점차 리더의 위치에 오를 만한 역량을 쌓게 된다.

이렇게 특정 분야의 집중적인 독서를 하게 되면, 한 분야에 대한 이해가 깊어져서 전문가가 되는 것이다. 한 분야의 책을 30여 권 정도만 읽어도 핵심적인 주제와 관련된 맥락을 발견할 수 있다. 나는 질적 목표를 위해 30권에서 100여 권의 책을 권한다. 한 분야의 책을 100여 권 정도 읽는다면 박사학위를 받은 것과 다름이 없다고 한다.

다산의 독서법

다산은 초서 독서법으로 유명하다. 초서는 책을 읽다가 중요한 글이 나오면 곁에 쌓아둔 종이를 꺼내 옮겨 적는 것을 말한다. 이렇게 적은 쪽지들을 분류해서 책으로 엮어낸다. 여기서 중요한 것은 먼저 자기의 뜻을 정하고 목차를 세우고 나서 해야 한다는 것이다. 그래야만 책에서 뽑아낸 자료를 일관성 있고 빠르게 엮을 수 있는 것이다.

그는 자식들에게 보내는 편지의 글에 초서에 대한 방법을 자주 언급했다.

"고려사는 할 수 없이 빨리 되돌려 보내주어야겠다. 그 가운데서 뽑아높은 것의 뜻은 네 형에게 자세하게 배워라. 아무튼 이번 여름 동안에는 너희 형제가 온 힘을 기울여 고적사에 베껴 쓴 것을 모으는 일을 끝마치길 바란다.

초서 하는 방법은 반드시 먼저 자기의 뜻을 정해 만들 책의 규모와 목차를 세운 후에 비로소 남의 책에서 간추려내야 조리에 들어맞는 묘미가 있다. 만약 그 규모와 목차 외에도 꼭 뽑아야 할 곳이 있을 때는 별도로 책을 만들어 좋은 것이 있을 때마다 기록해 넣어야만 힘을 기울일 곳이 있게 된다. 어망을 쳐놓으면 기러기란 놈도 잡히게 마련이지 어찌 놓치겠느냐.

무릇 한 권의 책을 얻더라도 내 학문에 보탬이 될 만한 것은 채록하여 모으고, 그렇지 않은 것은 눈길도 주지 말아야 한다. 이렇게 한다면 비록 백 권의 책이라도 열흘 공부 거리에 지나지 않는다. 남의 저서에서 도움이 될 만한 요점을 추려내어 책을 만들 때에는 우선 자기 자신의 학문에 주견이 뚜렷해야 판단기준이 마음에 세워져 취사선택하는 일이 용이할 것이다. 학문의 요령에 대해서는 전번에 대강 이야기했는데 벌써 까먹은 모양이구나."

– 정민, 『다산 어록 청상』 중에서

다산은 자녀들뿐 아니라 제자들에게도 초서를 강조했다. 초서를 하면 핵심 내용을 자기 것으로 만들 수 있으며 지식의 폭이 넓어지고 깊어진다는 것이다. 아들들은 이렇게 발췌하며 손으로 쓰려니 귀찮아했지만 당장 진도가 나가지 않더라도 손으로 읽어야 소득이 있다고 끊임없이 강조했다.

초서를 위해서 먼저 해야 할 것은 '주제 정하기'다. 즉 목적을 가지고 읽어야 한다. 그래야 그 목적에 맞는 초서도 할 수 있는 것이다. 초서는 목적이 있기에 책을 가장 효과적으로 읽을 수 있는 방법이다. 키워드 독서라고도 할 수 있다. 주제를 정하고 그 주제에 맞는 키워드를 정해 책을 읽으면 더 빨리 읽을 수 있다. 자신의 주제에 대한 인용문과 관련 글을 더 빠르게 찾게 된다. 주제에 맞지 않는 내용의 글은 읽을 필요가 없기 때문에 건너뛰며 빨리 읽어나갈 수 있다.

필요한 글을 만났을 때 발췌하며 저장해두는 초서는 책을 쓰는 과정과도 동일하다. 한 편의 글이 오로지 자기 생각만으로 채워질 수는 없기 때문에 책을 쓸 때 좋은 재료가 된다. 이렇게 자신의 주제를 정하고 발췌를 하고 자신의 경험을 잘 버무린다면 정말 자신만의 독특한 작품을 내놓을 수 있게 된다. 다산은 이렇게 읽고 쓰면서 18년의 유배지에서 500여 권의 책을 쓸 수 있었다. 목적이 있는 독서를 했던 것이다.

전문가로 가는 길

목적 있는 책 읽기는 전문가로 가는 길이다. 처음에는 다양한 분야의 책을 읽으면서 자신의 필요와 욕구를 발견해라. 그러나 계속 이렇게 읽을 필요는 없다. 책을 무작정 많이 읽는 것이 독서의 목표가 아니다. 그 다음에는 자신의 관심 분야를 정한 후, 그에 대한 20~30권의 책을 읽으면 그 분야의 문제 해결 능력이 업그레이드된다. 그리고 100권 이상의 책을 읽으면 전문가로 우뚝 선다.

『다치바나 다카시의 서재』에서 저자는 "한 권의 책을 쓰려면 100권을 읽고 써라."라고 했다. 목적이 있는 책 읽기다. 이처럼 관심 분야에서 시작된 목적 있는 책 읽기는 문제 해결력뿐 아니라 삶의 질을 향상하고 전문가의 길을 열어 당신의 인생과 운명을 바꾸어줄 것이다.

콘텐츠 소비자에서 콘텐츠 생산자로 탈바꿈해라. 대부분의 사람들은 콘텐츠를 생산하는 일보다는 잘 포장된 지식을 소비하는 데에 익숙하다. 그나마 요즘은 1인 미디어 시대라서 누구나 콘텐츠를 만들고 생산할 수 있는 도구를 가질 수 있다. 조선 후기 학자 성호는 스스로 깊이 파서 연구하는 과정을 거치지 않은 채 남의 것을 본뜨기만 하고 새로운 것을 만들어내지 못하는 학문 태도를 비판했다.

삼성의 이건희 회장은 세 가지를 가장 잘하는 직원을 키우는 것을 목표로 한다고 한다. 첫째는 독서를 잘하는 사람, 둘째는 영어를 적절히 잘 구사하는 사람, 셋째는 자기 분야의 최고가 되는 전문성을 가진 사람이다. 이 전문성은 목적이 있는 책 읽기로 가능해진다.

『진작 이렇게 책을 읽었더라면』의 장경철은 "좋은 책을 읽고 강의를 들는 것은 좋은 자료가 나를 방문한 것"이라고 말한다. 그는 방문과 거주는 다르다고 말한다. 거주에 실패하면 새로운 것을 배우는 데 회의를 느낄 수 있다는 것이다. 새로운 지식의 방문은 읽는 자를 충만하게 한다. 하지만 그것을 넘어 흩어져 있는 지식과 지혜들을 엮어 내 안에 더욱 깊이 머물게 하는 과정이 필요하다. 목적이 있는 책 읽기는 흩어진 구슬들을 엮는 과정을 포함한다. 자신의 분야를 정했다면 목적 있는 책 읽기로 전문가의 길로 들어서야 한다. 전문가가 됨으로 다른 이에게 도움을 줄 수 있다. 이는 나만 행복한 독서에서 다른 이도 행복하게 해주는 독서가 된다.

4장

단단한
나를 만드는
독서의 기술

001

당장 눈이 가는 책부터 읽어라

남의 책을 많이 읽어라. 남이 고생하여 얻은 지식을 아주 쉽게
내 것으로 만들 수 있고 그것으로 자기 발전을 이룰 수 있다.

– 소크라테스 –

내가 읽고 싶은 책부터 읽어라

어떤 책부터 읽어야 할까? 우선 내가 읽고 싶은 책부터 읽어라. 나는
20여 년 간 부모 품에서 신체적으로는 어떤 영양의 결핍 없이 건강하게
자라왔다. 그러나 보이는 신체적 영역과 달리 정서적, 정신적 결핍은 많
았다. 정서적으로 아팠고, 허기를 느꼈다. 이런 결핍과 허기는 자신이 읽
어야 할 책의 주제를 알려준다. 이는 지금 읽어야 할 책들을 알려주는 신
호인 것이다.

눈이 가는 책이 자신의 결핍과 허기를 잡아줄 책일 경우가 많다. 아무

0

리 좋은 책이라고 누가 추천을 해주어도 지금 내 결핍을 채울 수 있는 책이 아니라면 지금의 나에게는 좋은 책이 아니다. 아무리 추천 도서 목록에 좋다는 책을 막상 읽으려 해도 눈에 잘 들어오지 않는다. 지금 내 결핍과 관련되지 않기 때문이다. 그러나 인생의 어느 시기에 그 책을 다시 펴보았을 때 그때와는 달리 나에게 엄청 필요한 책일 수 있다. 사람들이 시기마다 필요한 책이 다르기 때문이다.

20대에는 자존감, 내적 치유, 정체성, 심리에 대한 책들을 청소기가 먼지를 빨아들이듯 읽어갔다. 30대는 육아, 교육에 대한 책들을 정신없이 읽어갔다. 40대에는 지역 한 단체의 여성 대표로 오래 일을 하고 있었는데 여성으로 늘 소수의 입장이었던 나는 여성이라는 정체성에 대해 관심이 높아져 이에 대한 책들을 많이 읽었다. 시기마다 다양한 주제의 책들을 읽으며 나의 결핍을 채워갔다. 이제는 기존의 주제에 대한 책뿐 아니라, 사회과학, 인문교양, 경제경영, 건강, 소설, 에세이 등의 다양한 장르와 주제의 책으로 확장해가고 있다.

아이가 아주 어릴 때 잠깐 아토피로 고생한 적이 있다. 심하지 않아도 밤에 서너 번 깨고 달래는 일은 아이에게뿐만 아니라 일하는 엄마로서는 무척 고통스러운 일이다. 그때 인터넷으로 정보를 찾기도 했지만 아토피에 대한 책들을 찾아보았다. 아토피는 나와 아이에게 너무 고통스럽고 해결해야 하는 문제였기 때문에 그에 대한 책을 폭풍같이 흡입할 수 있었다. 이런 어려움이나 문제가 없었다면 절대 읽어보지 못할 책이다.

그러니 무엇을 읽고 싶은지 아직 모르겠다면 외부에서 찾지 말고, 당신의 내부에서 찾아라. 인생의 시기마다 또는 예기치 않게 닥치는 사건 속에서 자신의 결핍과 현재 꼭 해결해야 할 문제에 주목해라. 그리고 그에 관련된 책을 읽어라. 현재 당장 자신과 관련된 일이기 때문에 책이 엄청 재미있어질 것이다.

서점과 도서관에 가보아라. 당신의 현재 결핍과 문제에 대한 책들을 수백 권 발견할 수 있다. 그 속에서 아무 책이나 짚어 읽어보아라. 그러면 현재 자신의 결핍을 채울 수 있고, 거기서 또 다른 결핍을 발견하게 되면서, 꼬리에 꼬리는 무는 독서로 이어질 것이다.

읽기만 하는 바보가 되어도 좋다

독서가를 말할 때 이 사람을 빼놓을 수 없다. 정조의 인정을 받았지만 서자 출신인 실학자 이덕무다. 그는 서자 출신이어서 과거에 응시할 수 없었지만 날마다 책을 읽으며 자신을 성찰하고 세상을 이롭게 하려고 노력했다. 그가 얼마나 읽는 것을 좋아하고 집중했으면 간선치 즉 '책에 미친 바보'라고 불렸다. 새로운 책을 접하면 하루 종일 웃음이 얼굴에서 떠나지 않고 밥을 먹지 않아도 배가 고프지 않을 정도로 책에 몰입했다고 한다. 심지어 눈병에 걸려 눈을 뜰 수 없을 때도 실눈을 뜨며 책을 읽었고, 동상에 걸려 손가락이 부어도 책을 빌려달라는 편지를 쓸 만큼 독서에 대한 열정이 가득했다. 그는 집안 형편이 안 좋아서 책을 사볼 수 없었다. 그래서 읽고 싶은 책은 남을 대신해서 베껴 써주면서까지 읽었다. 이런 열정이 그를 좋은 문장가로 만들어주었고 많은 글들을 남기게 했다. 그는 평생 2만 여 권의 책을 읽고 수백 권의 책을 베꼈다고 한다. 책에 관해서는 그는 조선 제일의 전문가였고, 중국과 일본에서도 그의 독서량에 견줄 만한 사람이 없었다. 이덕무는 책 읽기의 이로움에 대해서 이렇게 말했다.

"굶주린 때에 책을 읽으면 소리가 훨씬 낭랑해져서 글귀가 잘 다가오고 배고픔도 느끼지 못한다.

날씨가 추울 때 책을 읽으면, 그 소리의 기운이 스며들어 떨리는 몸이 진정되고 추위를 잊을 수 있다.

근심 걱정으로 마음의 괴로울 때 책을 읽으면 눈과 마음이 책에 집중하면서 천만 가지 근심이 모두 사라진다.

기침병을 앓을 때 책을 읽으면 그 소리가 목구멍의 걸림돌을 시원하게 뚫어 괴로운 기침이 갑자기 사라져버린다."

어느 책에서는 읽기만 하는 바보가 되지 말라고 하지만, 난 독서 초보가들에게는 '읽기만 하는 바보'가 되어도 좋다고 말하고 싶다. 그저 읽고 싶은 책들을 재미있게 읽으면 된다. 어느 정도 내공이 쌓일 때까지는 읽기만 하는 바보가 되어라. 책의 맛에 흠뻑 젖어들 때까지 그저 읽어라.

독서의 왕도는 그냥 읽는 것이다. 처음에는 그냥 닥치는 대로 읽는 것이 중요하다. 어느 정도의 책을 읽기까지는 배경 지식이 부족하기 때문에 읽는 속도가 느릴 수도 있지만 우선 읽는 것만으로도 도움이 된다. 특히 처음 접하는 분야는 정독으로 읽으면 좋다. 그럼 탄탄한 배경지식을 쌓아가게 되고 그 분야의 다른 책들은 그 기반 위에서 좀 더 읽는 속도가 붙는다.

『독서력』의 저자 사이토 다카시는 독서력의 기준으로 문학작품 100권과 교양도서 50권을 추천했다.

"독서력을 측정하는 기준으로 문학작품 100권과 교양도서 50권을 내세웠는데 왜 100여 권의 책을 기준으로 했을까? 그것은 독서가 '기술'로서 질적인 변화를 일으키는 경계선이 얼추 100권이기 때문이다. 물론 한 권 한 권 읽어나가면서 독서력은 달라진다. 하지만 크게 보았을 때 질적인 차이가 분명히 나타나는 비등점의 권수는 10권, 20권이 아니라 100권이다."

사이토 다카시는 문학작품 100권, 교양도서 50권을 말했지만 처음에는 읽고 싶은 책을 읽어도 좋다. 처음에는 100권을 목표로 하면 그다음은 200권, 300권, 점점 속도가 붙고 재미있어지고, 읽기도 쉬워진다. 책의 맛을 알게 되고 읽는 것이 재밌어지고 자신의 문제를 해결하는 것을 경험해가다 보면 1,000권까지도 충분히 읽을 수 있다. 메모 독서나 리뷰 등을 강조하기도 하지만, 처음에는 그것조차 부담이 될 수도 있다. 처음에는 아웃풋을 생각하지 않고 그저 닥치는 대로 읽어보라고 말하고 싶다.

그리고 처음에는 잊어버려도 된다는 생각으로 독서해도 괜찮다. 반복해서 읽고 읽다 보면 필요한 내용들이 내 안에 어딘가 남아 있어 필요할 때 떠올려질 것이다. 우선 다양한 분야의 독서를 하면서 읽는 근육을 키워가라.

즐기는 독서를 해라

즐기는 독서를 해라. 책을 읽는 경험이 부족한 아이들이나 책에 대한 과도한 강요로 거부 반응을 보이는 아이들에게 처음부터 추천 도서 목록에서 추천하는 어려운 책, 학년과 상관없이 자신의 독서 수준과 맞지 않는 책들을 가져다주면 어떨까. 이내 읽는 것을 포기하고 책에 대한 부정적 감정만 가득 생긴다.

대학 관련 단체에서 일하면서 대학생들에게 독서를 매우 강조했고 그런 분위기를 만들려고 노력을 많이 했다. 우리나라는 교육열이 높고 많은 젊은이들이 입시의 관문을 통과해 대학에 진학하지만 책 읽는 젊은이는 많지 않다. 독서도 입시와 같은 공부라는 생각을 하기 때문에, 독서의 맛을 알지 못하는 것이다.

새내기들에게 독서 의욕을 높이려고 할 때 작은 소책자부터 접근했다. 처음에는 작은 소책자도 어려워하는 친구들도 많았다. 그런데 무턱대고 자신에게 맞지 않거나 어려운 책을 주면 '난 원래 책 읽는 사람이 아니었어, 책은 원래 재미없지.'라고 반응한다. 이는 그전에 가졌던 독서에 대한 고정 관념을 더욱 강화하고 책 읽는 것을 쉽게 포기하게 한다.

특히 젊었을 때는 절대적으로 닥치는 대로 읽을 필요가 있다. 이 시간이 결코 헛되지 않을 것이다. 계속 아웃풋을 내놓는 사람은 인생의 어느 시기에 인풋만 하는 시기가 있었다. 수권의 베스트셀러를 내놓은 사이토 다카시 교수는 대학원 석사 시절부터 박사 후 과정 시절까지 오로지 인풋만 하던 때가 있었다고 한다. 나의 경우는 대학생 시절, 출산 전 임신 기간, 일터를 떠난 후 6개월에서 1년을 절대 안식의 시간으로 보냈다. 이때 되도록 만남을 피하고 오로지 인풋에 집중했다. 이 시간은 새로운 공부와 기술을 익힐 수 있는 나에게 중요한 시기였다. 사람들이 자신을 불러주지 않은 시기에 더욱 독서를 즐기면서 인풋 해라.

책을 읽고자 하지만 무엇부터 읽어야 할지 모를 때는 자신의 결핍과 허기에 주목하고, 그것을 채워줄 책부터 시작해라. 그러면 읽는 것이 재미있어질 것이다. 그렇게 점차 책의 맛을 알게 되면 조금씩 즐기는 독서를 하게 될 것이다. 그렇게 100권, 200권 쭉쭉 읽어가다 보면, 내가 미처 몰랐던 내 안의 또 다른 결핍을 발견하게 된다. 그러면 지금 읽고 있는 책들이 자연스럽게 또 다른 주제의 책으로 인도해줄 것이다. 당신의 독서 여정을 응원한다.

02

나의 필요와 욕구를 발견하라

내가 알고 싶은 것은 모두 책에 있다.
내가 읽지 않은 책을 찾아주는 사람이 바로 나의 가장 좋은 친구이다.

- 링컨 -

나도 나를 모른다

우리 사회는 아직 과거 공장 노동자를 키우는 방식의 주입식 교육과 가부장적인 권위주의와 위계 질서의 문화들이 많이 남아 있다. 이런 문화는 세대 간의 갈등으로 이어지고 이를 거부하는 밀레니얼 세대만의 다양한 삶의 방식들로 표출되고 있다.

이러한 문화 속에서 오랫동안 교육받고 순응해온 사람들은 사실 자신을 잘 모른다. 이들은 자신의 잠재력을 부모와 사회가 정해둔 기준, 학벌과 경제력 등으로 제한한다. 어릴 때는 부모가 많은 것을 나를 대신해서 결정해준다. 어떤 특정 시기는 부모가 선택해줄 수밖에 없다. 그러나 자율성이 조금씩 자라가는 시기에도 계속적으로 부모가 모든 것을 결정해준다면, 부모의 불안은 덜어낼 수 있지만 아이의 선택하는 능력을 상실한다.

아는 후배인 대학 교수가 있다. 그가 말하기를 한번은 새내기 아버지한테 전화가 와서 아이 학점을 다시 봐달라고 했다고 한다. 그리고 학생 중 수강 신청 하나 할 줄 몰라 부모의 도움을 입는 경우도 있다고 했다. 이런 일들이 실제적으로 많이 일어나고 있다.

에릭슨의 사회성 발달 단계를 보면 서너 살 때부터 아이들은 자율성을 터득하려고 한다. 이 시기부터 조금씩 "내가 할래, 내가 할 거야." 하는 말을 자주 하게 된다. 그런데 부모가 아이가 잘하지 못한다는 이유로 그 시간을 기다려주지 못하고 아이가 할 일을 대신해준다면 어떤 일이 발생할까. 그리고 초등학생이 되고 중, 고등학생이 되어도 그렇다면 어떨까. 위의 사례의 대학생처럼 수강 신청 하나 할 줄 모르는 어른으로 성장하게 된다.

충분히 스스로 할 수 있는 일도, 너무 오랜 순응의 시간을 보내왔기에 그 감각이 개발되지 못한 것이다. 그래서 자신이 무엇을 좋아하고 싫어하는지, 무엇을 할 수 있고 잘 못하는지에 대한 감각을 키울 기회를 상실한 채 자라 다 큰 어른이 되어 뒤늦게 방황을 하기도 한다.

독서도 마찬가지다. 내가 스스로 선택해서 읽어본 경험 없이 부모가 가져다주는 책만 읽게 되면 읽어도 억지로 읽거나 수동적으로 읽게 된다. 그래서 책 읽는 것이 재미없거나, 그 이상으로 발전해가기 어려울 때도 있다. 물론 부모가 아이의 취향을 잘 알아서 그에 맞는 책을 가져다준다면 다른 이야기이겠지만 말이다.

프랑스의 유명한 미식가 브리아 사바랭은 이렇게 말했다. "당신이 어떤 음식을 먹는지 말해보라. 그러면 당신이 어떤 사람인지 맞혀보겠다." 그렇다. 그가 먹는 음식이 그 사람을 말해준다. 마찬가지고 당신이 이끌려 읽고 있는 책이 그 사람을 말해준다.

책을 선택하는 순간을 보면 그 사람의 취향과 필요, 관심사를 알 수 있다. 책을 읽으면서 자신의 필요와 욕구를 더 깊이 발견하게 된다. 우리 안의 필요와 욕구는 하나만 있지 않다. 그것은 하나에서 다른 것으로 계속 확장해간다. 책 속에는 우리를 건드리는 무수히 많은 필요와 욕구들이 담겨 있기 때문이다. 자신을 잘 알지 못하겠다면 우선 끌리는 책부터 읽어라. 그렇게 계속 읽어가다 보면 자신을 점차 발견하게 될 것이다.

내가 책을 읽는 이유

나를 발견하기 위해서는 다양한 방법이 존재한다. 많은 사람들이 추천하는 것은 여행과 독서이다. '여행은 걸어서 하는 독서이며 독서는 앉아서 하는 여행'이라고 보통 말한다. 여행을 왜 하는 것일까? 낯선 곳에 갔을 때 우리는 그 낯섦과 조우하면서 내 안의 새로운 모습을 발견한다. 의외로 소심하다고 생각했던 내가 용기 있는 모습의 나를 만나게 되는 것을 경험한다. 낯선 공간에 서 있을 때 미처 몰랐던 나의 어떤 흥미와 열정을 발견하기도 한다. 그래서 우리는 익숙한 자리를 떠나 새로운 공간으로의 여행을 떠난다. 새로운 자신을 발견하기 위해서 말이다.

또 어떤 이유로 여행을 할까? 여행 작가인 최인호는 『산다는 게 지긋지긋할 때가 있다』에서 이렇게 말했다.

"친숙함과 편안함은 우리를 권태롭게 만든다. 그리고 그것들은 삶의 빛을 조금씩 앗아간다. 소리 없이 우리에게 다가오는 죽음의 병이다."
"낯선 곳으로 떠나는 것은 무한 그리고 무지의 세계로 자신을 던져놓는 것이다. 낯선 세계를 고독하게 혹은 자유롭게 혹은 두려움으로 만나면서 없었던 시간을 만들고 숨어 있던 혹은 억눌린 무의식의 감정들을 되찾는 것이다."

어느 날 이 문장을 접하고 순간 울컥했다. 늘 어디론가 끊임없이 움직였던 나는 코로나가 시작되고 몇 개월 동안 집 안에 콕 박혀 재택근무를 하고 있는 중이었다. 코로나라는 상황만 빼고 너무 오랫동안 익숙함과 편안한 것들만 내 주위에 있었다. 그런데 '친숙함과 편안함이 우리를 권태롭게 만들고', 그것은 '삶의 빛을 조금씩 앗아가고', '소리 없이 우리에게 다가오는 죽음의 병'이라니. 코로나로 일상이 멈춘 듯한 시기에 나는 여행 서적들을 뒤적거리고 이 문장을 만났다. 나를 권태롭게 하는 것에서 벗어나 낯선 곳으로 떠나고 싶은 마음을 이 문장들이 찔렀다.

책은 여행의 효과가 있다. 여행은 많은 시간과 돈이 필요하다. 여행으로 많은 곳을 다 갈 수는 없다. 반면 책은 간접경험이지만 이를 통해서 온갖 장소를 여행하고 다양한 사람을 시공간을 떠나 만날 수 있다. 여행이 주는 오감은 없지만, 상상력이라는 도구로 얼마든지 오감을 느낄 수 있다. 책은 익숙한 자리를 떠나 내가 미처 가닿지 못한 낯선 곳에 내가 있게 한다. 그곳에서 많은 것을 경험하며 새로운 나를 발견할 수 있도록 한다.

책을 읽음으로 익숙한 자리에서는 보지 못한 또 다른 나를 발견해보라. 어떤 곳에서 어떤 문장들을 만날 때 내가 더 기뻐하고 흥미를 보이는지 알게 된다. 그리고 나를 설명해줄 언어도 찾게 된다. 여행을 통해서도 나를 발견하기는 하지만 그것을 표현할 다양한 언어를 만나기는 힘들다. 종종 어휘력의 한계를 경험한다. 그러나 책은 내 안의 언어를 확장하고 나만의 언어를 찾을 수 있도록 도와준다.

그래서 SNS상의 한 계정의 이름은 '책 여행자'이다. 내가 책을 읽는 이유가 이 이름에 담겨 있다. 권태에서 벗어나기 위해, 소리 없이 죽지 않기 위해, 내 안에 억눌린 감정과 또 다른 나를 발견하기 위해 나는 오늘도 책 속으로 여행을 떠난다.

내 자존감의 신호를 발견해라

다양한 분야의 책 읽기는 새로운 나를 발견하게 해준다. 미처 알지 못했던 나의 욕구와 필요를 날카롭게 인지하게 해준다. 그러니 다양한 책을 읽으면서 나의 필요와 욕구를 발견하라. 자존감은 어떻게 세우는가. 많은 사람들이 다른 이들의 욕구를 자신의 욕구인 양 그것을 채우려 시간과 에너지를 낭비한다.

자본주의는 우리에게 없던 욕구도 계속 만들어낸다. 무수한 광고와 미디어의 폭격은 내 안의 욕구들을 만들어가고, 진짜 욕구를 분별하는 것을 흐릿하게 한다. 그러나 진짜 내 욕구를 발견할 때 거기에 내 자존감을 세우는 나만의 열망이 존재한다.

자존감은 어떻게 세워질까? 나의 진짜 욕구를 발견하고 그것을 채워갈 때 자존감도 높아진다. 다른 사람이 아무리 어떤 것에 성공했다고 할지라도 전혀 부럽지 않은 경우가 있다. 그러나 그리 성공하지 못해 보여도 부러운 경우가 있다. SNS를 하다 보면 정말 다양한 사람이 그곳에 존재한다. 예를 들어, 어떤 이는 SNS으로 자신을 브랜딩 해서 다양한 아이템으로 돈을 벌고 부자가 된다. 그런데 그것이 그리 부럽지 않다. 내가 부러운 사람은 작가라는 타이틀을 달고 읽고 쓰는 것을 돕는 이들이다. 내가 부러워하는 그곳에 나의 욕구가 숨겨져 있다. 내 자존감을 세우는 욕구와 열망이 거기에 존재하기 때문이다.

사람마다 욕구가 다르다. 그리고 시기마다 욕구가 조금씩 달라질 수도 있다. 예전에 상담 수업을 받을 때이다. 감정에 대한 이야기를 하고 있었는데, 똑같은 분노를 표현해도, 그 밑에는 다양한 욕구가 있다는 것이다. 사실 감정은 표면적으로 드러나는 것이었고, 그 감정을 움직이는 것은 사람마다의 각기 다른 욕구였다. 그래서 똑같은 사건인데도 어떤 사람은 화가 나는데, 어떤 사람은 화가 나지 않는 것이다. 똑같은 분노이지만, 그것을 움직이는 욕구는 다른 것이다. 이는 각 사람의 욕구가 다르기 때문이다.

책을 읽으면 자신의 진짜 욕구와 함께 내 자존감을 높일 진짜 신호를 발견하게 된다. 내가 어떤 욕구를 채워갔을 때 가장 행복한지 알게 된다. 독서는 이렇게 쏟아지는 많은 정보 속에서 나만의 길을 발견하며 결국 자존감을 높이는 결과를 낳게 될 것이다.

03

정독이라는 함정에서 벗어나라

단순히 읽기 시작했다는 이유만으로
결코 책을 끝까지 읽지 마라.

- 존 위더스푼 -

정독이라는 함정

오랜 시간 나의 독서 방식은 주로 정독이었다. 그동안 주로 사회과학이나 종교 서적을 주로 읽어오다 보니 조금은 개념적이고 딱딱한 내용이 많았다. 그래서 천천히 정독해야만 이해할 수 있었고 논리적 흐름을 끝까지 따라갈 수 있었다. 그리고 정독해야만 책의 내용을 정확히 파악할수 있다고 생각했다.

그러다가 교육, 육아, 여성, 자기계발, 소설, 에세이 등 다양한 장르의 책을 접하기 시작했다. 그 후로도 나는 모든 책들을 그런 방식으로 읽고 있었다.

그러다가 한 주제를 여러 권 읽기 시작하면서 어느 순간 중복되는 내용들을 발견했다. 때론 별 내용이 없는데도 꼼꼼히 읽고 있는 나 자신을 발견했다. 어느 날 시간이 아깝게 느껴졌다. 하루 한 권의 책을 읽고 리뷰하면서 어느 날은 정말 시간도 없고 체력도 달리는데도 꼼꼼히 읽어야 한다는 부담감만 가득했다. 다 못 읽었으면 괜한 죄책감을 가지기도 했다. 회의감도 찾아왔다.

좀 더 효율적으로 잘 읽고 싶다는 마음이 생겼다. 다른 이들은 어떻게 읽는지도 궁금했다. 그래서 도서관에서 독서법에 대한 책들을 모조리 훑어봤다. 독서법에 대한 책들이 이렇게 많은지 처음 알았다. '독서 고수들은 자기 나름으로 터득한 독서 방식이 있구나.' 하는 생각을 처음 하게 되었다. 여러 독서법의 책들을 탐독해가면서 답을 얻기도 했고, 내가 어디서 막혔는지, 그리고 앞으로 시간과 에너지를 줄이면서 효율적으로 독서할 수 있을지 여러 원리와 방법을 알게 되었다.

모든 책을 정독할 필요가 없다. 특히 자기계발서나 실용서의 경우는 더더욱 그렇다. 정독하지 않으면 책을 제대로 이해하지 못한다거나 책에 대한 예의가 아니라는 등의 생각들은 편견이었다. 정독의 함정에서 벗어나 자신만의 시간과 에너지를 아낄 필요가 있다.

완독의 부담을 줄여라

정독하는 사람은 대부분 끝까지 완독해야 한다는 부담 또한 가지고 있다. 나도 그랬다. 그러나 다양한 책들을 읽어가면서 모든 책을 정독하거나 완독해야 할 필요는 없다는 것을 발견했다. 20대 80의 법칙을 알 것이다. 책의 구조를 살펴보면 제목, 목차, 프롤로그와 에필로그가 있다. 목차와 프롤로그에 책의 큰 핵심이 숨겨져 있고, 그 부분에 우선 주목해서 책의 큰 숲을 이해한다. 그리고 키워드를 정하고 저자가 이야기하는 핵심적인 부분의 이야기들만 뽑아서 집중해서 읽는다. 이렇게 읽으면 저자가 이야기하는 대부분의 핵심 주장들을 대부분 파악할 수 있다. 특히 실용서 같은 경우는 내용이 계속 반복되는 경우도 있기에 이런 읽기에 적합하다.

이런 읽기를 발췌독이라 한다. 이렇게 읽으면 적은 시간에도 하루 한 권도 가능하다. 목차를 보면서 자신에게 필요한 부분만 찾아 읽을 수 있다. 보통 한 꼭지는 서론, 본론, 결론으로 구성이 되어 있어서 핵심 주장이 담겨 있는 부분만 읽어도 된다. 소설 같은 경우는 대화체만 보면서 줄거리의 흐름을 파악할 수 있다.

『세상에 읽지 못할 책은 없다』의 저자 사이토 다카시는 책 한 권을 다 읽는 데 너무 매달릴 필요는 없다고 말한다. 오히려 무리해서 완독하려다 보면 독서 자체를 멀리하게 될 수 있다는 것이다. 그는 책의 20~30%만 읽어도 된다고 말한다. 대신 그는 더 많은 책을 읽으면서 핵심만 취하는 읽는 방법을 추천한다. 특히 지식 획득이 목적인 경우, 발췌독을 하면서 10여 권의 책을 동시에 읽는 것은 누구라도 충분히 가능하다고 말한다. 실제 독서 고수들은 완독에 집착하지 않고 있었다.

완독을 늘 하던 사람이 처음에 발췌독을 하기는 쉽지 않을 수 있다. 완독하지 않으면 돈이 아깝다는 생각이 들기도 하고, 무언가 완성하지 못했다는 불편한 마음도 느껴진다. 그러나 우리가 책을 읽는 목적은 완독하기 위해서가 아니다. 완벽히 다 읽었다는 자기만족을 위해서도 아니다. 책을 통해서 지혜를 배우고 성찰의 재료를 얻기 위해서이다. 한 문장이라도 자신의 뇌리를 때리고 인생을 반성하게 되었다면 그것으로도 그 책의 도리는 다한 것이며, 충분하다.

속독에 대한 오해

우리는 정독을 해야 책의 내용을 제대로 이해할 수 있다고 생각한다. 반대로 속독을 하면 이해도가 떨어진다고 생각한다. 그러나 정말 그럴까? 사실은 독서 속도가 빠른 사람들이 느린 사람들보다 이해도가 높다. 우리가 차를 타고 천천히 운전한다면 도로 상황뿐만 아니라 거울도 한 번 보고, 문자도 한 번 확인하고, 지나가는 사람들을 한 번씩 쳐다보게도 되고, 여러 가지 떠오르는 생각도 하게 된다. 우리의 주의가 이리저리 옮겨 다니게 된다.

그러나 고속으로 운전을 하는 상황이라면 오로지 운전 하나에만 집중할 수밖에 없게 된다. 굉장한 몰입을 하게 된다. 너무 천천히 읽으면 오히려 정신이 더 지루해진다. 지루해지면 집중력도 낮아진다.

책에 나오는 단어 하나하나를 정성껏 읽어야 책의 가치를 깨닫게 되는 것도 아니다. 독서에 익숙해지면 생기는 능력 하나가 유연성이다. 속독가는 지루한 내용을 빨리 지나가고 흥미롭고 중요한 정보는 천천히 읽거나 다시 읽기도 한다. 이렇게 유연성 있게 독서를 즐기게 된다.

속독에 대한 오해를 풀었다면 어떻게 빨리 읽을 수 있을까? 독서 속도를 떨어뜨리는 장애물이 있다. 속독에 대한 책을 보면 많이 등장하는 내용들이다.

첫 번째는 안구 회귀이다. 책을 읽으면서 같은 줄을 또 읽고 있는 자신을 발견한 적이 있을 것이다. 무심결에 뒤로 돌아가 다시 읽는 것이다. 안구 회귀는 시선이 뒤로 돌아가 특정 단어들을 다시 읽는 경향을 말한다. 이러한 안구 회귀는 읽는 속도를 늦출 뿐만 아니라 이해도 심각하게 방해한다.

두 번째는 속발음이다. 속발음은 속으로 내는 소리를 말한다. 즉 한 글자 한 글자를 속으로 읽는다는 뜻이다. 이렇게 글자 하나하나를 발음하면 뇌는 그 글자를 기호로서 받아들이고 의미는 그 후에야 파악한다. 그러면 읽는 속도와 이해도를 떨어트린다.

대부분의 속발음은 처음 읽기를 배울 때 생긴다. 처음 읽기를 배울 때 종종 소리 내어 읽는 연습을 한다. 그때부터 독서는 정확하게 읽어야 한다는 생각이 자리 잡는다. 학년이 올라갈수록 더 이상 소리 내어 읽지 않아도, 우리는 무의식적으로 처음 읽기 방식을 배운 대로 속발음을 하며 읽고 있는 것이다.

우리의 머리는 말이 아니라 이미지로 생각한다. 말은 생각의 이미지를 전달하는 수단일 뿐이다. 문장 부호들까지 발음하지 않는 것처럼 모든 단어를 말할 필요가 없다. 중요한 것은 단어가 나타내는 의미, 이미지다. 그러기 위해서 속발음을 줄여야 한다. 속발음을 줄이는 속독을 하기 위해서는 관련된 책들을 보면 아주 디테일한 설명들이 나와 있으니 참고하길 바란다.

속발음이 없으면 핵심 위주로 바르게 읽기가 가능해진다. 속발음 없이 핵심 위주로 읽는 방법은 뇌가 좋아하는 방법이다. 두뇌는 책을 읽을 때 '무엇이 중요한지'에 집중한다. 뇌는 핵심을 먼저 본다. 의식하지 않아도 중요하다고 여기는 것에 시선이 집중되고, 빠른 속도로 읽더라도 필요한 내용 중심으로 시선이 움직이게 되는 것이다. 당신의 뇌는 이미 핵심만 읽는 방법을 알고 있다. 평상시에는 뇌를 의식하는 일이 없겠지만 독서할 때는 뇌를 의식해보자. 책은 뇌가 좋아하는 방식으로 읽어야 오랫동안 즐기면서 읽을 수 있다.

빠르게 읽고 반복해서 읽기

이렇게 핵심만 읽는 것이 아쉽다면 빠르게 읽은 후 반복해서 읽어보라. 이렇게 읽으면 기억에도 잘 남게 된다. 인간은 4시간이 지나면 내용의 반을 잊어버리고, 한 달 후면 기억한 것의 80%를 잊는다. 여러 번 반복하는 것은 여러 학습법에도 중요시한다.

『하루 한 권 독서법』의 저자 나애정도 이런 독서법을 추천한다. 이는 한 권을 세 번 읽는 방법이다. 처음으로 읽을 때는 표지부터 띠지, 목차의 구조와 꼭지, 프롤로그와 에필로그를 보면서 키워드를 발견한다. 키워드 중심으로 책 전체를 빠르게 훑는다. 30분도 걸리지 않는다.

두 번째 읽을 때는 중요도와 관심사에 따라 책에 표시를 하며 읽는다. 초서처럼 주제를 정하고 읽는다면 더욱 좋다. 주제를 생각하면서 읽고 싶은 부분을 먼저 읽어도 좋다. 세 번째 읽을 때는 두 번째 읽을 때 그었던 내용을 중심으로 빠르게 읽어간다. 이도 30분이 채 걸리지 않을 것이다. 이렇게 읽으면 꼭 정독을 하거나 완독을 하지 않아도 책의 핵심을 빠르게 파악하면서 기억에 잘 남게 된다. 결국 지식을 이해하고 기억하기 위해서는 전체에서 부분으로 여러 번 반복하는 방법뿐이 없다. 책 읽기도 공부법과 똑같다.

04

장르마다 독서법이 다르다

읽히지 않는 이야기는 이야기가 아니다.
그것은 목재 펄프 위에 있는 검고 작은 표식일 따름이다.

- 어슐러 르 귄 -

세상엔 정말 다양한 독서법이 있었다

공부법에 관한 책을 읽다가 공부법을 배운 적이 없다는 사실을 알았다. 독서법에 대한 책을 뒤늦게 읽으면서 독서법을 배운 적이 없다는 사실을 알았다. 물론 다독을 하게 되면 저절로 습득되는 자기만의 독서법이 생기지만, 다양한 독서법을 미리 알았더라면 헤매지 않고 좀 더 효과적으로 책을 읽어갈 수 있었을 터라는 생각이 들었다. 지금 가장 부러운 사람은 어릴 때 다양한 독서를 즐기며 자신만의 독서법을 터득하고 책까지 쓴 사람이다.

책을 계속 읽어가다 보면 '내가 읽고 있는 방법이 맞는가, 다른 이들은 어떻게 읽지, 더 효율적으로 잘 읽을 수 있는 방법은 없나?' 하는 의문이 드는 순간이 온다. 읽으면서 나만의 방법을 자연스럽게 터득하고 있었지만, 다른 이들의 읽는 방식도 궁금해져서 독서법에 대한 책들을 찾아 읽기 시작했다. 그냥 읽으면 되지 무슨 독서법이냐 할 수 있겠지만 더 효율적으로 읽는 방법이 있었고 지금도 저마다 다양한 독서법들을 개발하고 있다.

세상에 그렇게 다양한 독서법이 있는 줄 몰랐다. 한 가지 음식을 다양한 레시피로 먹을 수 있는 것처럼 다양한 독서법을 일찍 알았다면 상황에 맞춰 더 융통성 있게 독서를 즐길 수 있었을 것이다.

다음은 가장 기본이 되는 독서법들이다.

우선 음독이 있다. 이는 소리 내어 읽는 것이다. 동양에는 예전부터 소리 내어 있는 낭독을 중시하는 전통이 있다. 묵독이 익숙해져 낭독이 특별해졌지만 우리 조상들은 책은 소리 내어 읽는 것이라 했다. 낭독을 하면 온 몸에 새겨지고 기억에도 더 오래 남는다. 소리 내지 않고 읽는 묵독의 상대적 개념이다. 음독이 글자 단위의 읽기라면 묵독은 문장, 의미 위주의 읽기다. 묵독할 때보다 낭독할 때 책의 더 많은 내용을 기억한다는 연구 결과도 있다. 오늘날에는 스마트폰이 녹음의 기능을 대신하고 있기에 어디서든 자신이 낭독한 것을 녹음할 수도 있다. 눈으로 읽기보다 소리 내어 읽으면 느낌이 다르다. 치료가 되고 영혼이 풍성해지는 느낌도 받는다. 그래서 요즘에는 낭독 챌린지를 하기도 한다. 나도 내 유튜브 채널 〈언니의 책 처방〉에 책의 일부분을 천천히 낭독한 적이 있는데 읽으면서 스스로 치유와 힐링을 경험했다. 문장이 온 몸에 흘러들어 가는 힘일 것이다.

두 번째 정독이다. 이는 꼼꼼하게 음미하며 읽는 것이다. 책을 천천히 읽으며 문장과 단어를 곱씹어보는 방법이다. 이해와 기억을 위한 공부에 쓰여 시험공부에서 주로 나타난다. 정독을 하면 느리게 읽게 되는데 주로 고전, 전문 서적, 교과서에 해당될 수 있다. 꼼꼼히 읽어 배경 지식을 우선 쌓으면 관련 책들을 읽는 속도가 빨라진다. 느리게 읽는 정독이 같은 종류의 책을 빨리 읽기 위한 조건이 된다.

세 번째는 묵독이다. 이는 눈으로 읽기다. 문장이나 맥락을 빠르게 살펴 핵심 위주로 책을 읽어나가는 방법이다. 이때 명사와 어근 중심으로 읽으면 빠르게 읽을 수 있다. 한글의 특성상 이렇게 읽어도 의미상 지장이 없다. 대부분 학교 교육에서는 정독에 길들여서 글자 하나하나 읽는 습관이 있는데 모든 책을 그렇게 읽을 필요가 없는 것이다. 명사와 어근을 중심으로 집중해서 읽고, 그 외 보조어는 스쳐 지나가듯 빠르게 읽는다. 이렇게 완급을 조절하고 리듬을 타며 읽으면 더욱 감정에 몰입해 읽을 수 있다. 정독에 비해 꼼꼼하게 읽을 수는 없지만 생각을 하며 읽을 수 있고 속도가 빠르다.

네 번째는 속독이다. 이는 빠르게 읽기다. 주로 제한된 시간 안에 정보를 얻거나 전체를 파악하기 위해 쓰인다. 깊은 이해나 기억을 하기 위한 방법은 아니지만 해볼 만하다. 그리고 많은 책을 빨리 읽는 것이 느리게 읽어야 할 책을 발굴하는 데 도움이 되기도 한다.

다섯 가지 감각에 따라 나눈 독서법도 있다. 『오감독서』의 저자 권수택이 이를 소개했다. 앞의 묵독과 음독 외에 청독, 강독 그리고 수독을 추가한다.

청독은 귀로 듣는 것이다. 요즘에는 오디오북이 많이 개발되었다. 많은 북튜버들이 오디오북 콘텐츠로 영상을 업로드하고 있다. 또한 스마트폰에 자신의 목소리를 녹음해서 들을 수 있다. 청독은 틈새 시간을 활용하기 가장 좋은 독서법이다. 운전할 때, 설거지할 때, 이동할 때 어디서든 들을 수 있는 이점이 있다.

그리고 강독이 있다. 이는 마음으로 읽는 것을 말한다. 강독이란 '글을 읽고 그 뜻을 밝히는 것'이다. 강독은 적극적으로 책을 읽고 궁금한 것들을 묻고 해석해가면서 적극적으로 책과 소통하는 것을 말한다. 유대인의 하브루타가 이와 비슷한 방식이라 할 수 있다. 자유롭게 질문하고 토론함으로 학생 스스로가 답을 찾아갈 수 있게 만든 환경이다. 강독을 통해서 책을 읽은 것에 그치지 않고 자신만의 새로운 개념으로 발전시켜 나갈 수 있다.

마지막으로 수독이 있다. 이는 뇌로 읽는 것이다. 졸 '수'와 읽을 '독'의 합성어로 렘수면 상태에서 잠이든 후 청독을 하는 것을 지칭한다. 잠에 빠져들기 전에 청독을 실행한다. 수독을 하는 중에 청독하는 내용이 단서가 되어 꿈을 꾸게 되고 여러 아이디어가 생겨나기도 한다. 무의식 속에서라도 독서를 하겠다는 대단한 열정이라 할 수 있다.

그리고 목적에 따라 다양한 독서법을 활용할 수 있다.

시간이 여유가 있는 분은 정독을 할 수도 있겠지만, 바쁜 직장인들이라면 핵심 20%만 취하겠다는 마음으로 발췌하며 두세 번 반복적으로 읽으며 하루 한 권 독서를 실천할 수 있다. 가벼운 실용서는 이 방법을 적용해도 좋다. 그리고 슬로 리딩 독서법도 있다. 이는 한 달에 한 권 읽기, 한 학기에 한 권 읽기로 책에 오래 머물며 읽은 책을 다양하게 활용하면서 더욱 다채로운 책 맛을 보는 것이다. 다양하게 해석할 수 있는 문학 작품이나 스테디셀러, 고전을 이런 방법으로 읽으면 좋다.

앞에서 잠깐 소개했는데 초서 독서법도 있다. 다산 정약용이 즐겨 이용하며 권면한 방법이다. 초서란 책 읽는 주제를 정하고 그에 맞는 것만 바르게 발췌하면서 기록해가는 독서법이다. 정약용은 "독서에는 3가지가 있는데, 그것은 입으로 읽고 눈으로 읽고 손으로 읽는 독서다. 그중에서 가장 중요한 것은 손으로 읽는 '초서'이다."라고 했다. 초서의 초는 노략질할 초인데 노략질하듯이 독자가 저자의 생각을 훔쳐서 내 것으로 만든다는 의미를 갖고 있다.

그다음은 초병렬 독서법이다. 여러 권을 동시에 읽는 독서법이다. 다른 장르의 책을 읽으며 전혀 다른 정보를 조합해가는 독서법이므로 각각의 책에 대한 감상을 정리하는 것은 의미가 없다. 이런 방식의 읽기는 꼼꼼히 읽기보다 전체를 읽으며 다른 지식을 조합하고 연결해가면서 새로운 아이디어를 내는 것을 지향한다. 이런 방식의 책 읽기를 주장하는 사람은 꼼꼼히 메모하고 정리하면서 더 기억이 잘 날 것 같지만 오히려 그 반대라고 말한다. 기록을 하는 순간 우리의 두뇌가 그 노트를 믿어 버려 안심한 탓인지 오히려 적지 않고 기억하려고 할 때보다 더 기억이 나지 않는다는 것이다. 빌 게이츠는 기본적으로 메모를 하지 않고, 메모를 하더라도 종이에 적어 두었다가 집에 돌아오면 곧바로 버린다고 한다.

그 외에 독서법에 대한 책을 많이 쓴 저자 김병완은 한 시간에 한 권 퀀텀 독서법, 한 번에 열 권 플랫폼 독서법 등을 제안한다. 그는 수년 전 한 시간에 한 권 퀀텀 독서법을 주장했다. 하루에도 수 백 권의 책이 쏟아져 나오는 시기에 읽고 싶은 책을 다 읽기엔 시간이 너무 부족하기에 그는 책 한 권을 읽는 데 적정 시간을 한 시간으로 제안한다. 무조건 활자만

취하는 너무 빠른 속독은 빈약하고 남는 게 없는 독서가 될 수 있다. 그렇다고 느리게 읽는다고 깊고 풍요로운 독서를 한다는 보장이 없다. 그래서 빠르면서 제대로 읽는 퀀텀 독서법을 소개한다.

플랫폼 독서법은 앞의 초병렬 독서법과 비슷할 수도 있다. 하지만 융합하여 새로운 가치를 창출하면서 혁신을 요구하는 요즘 시대에 걸맞게 다시 재해석하고 있다. 과거에 정보가 제한된 시절의 독서법과 달라야 한다고 그는 주장한다. 정보가 넘치는 지금은 주제를 연결하고, 지식을 융합해서 또 다른 가치를 창조하는 플랫폼 독서를 해야 한다는 것이다. 그래야 인생을 바꿀 수 있다고 말한다.

장르마다 다르게 읽어라

우리가 국어 시간에 배운 것처럼 이야기는 똑같은 방식으로 전달되지 않는다. 저자들은 자신의 이야기를 가장 잘 전달할 수 있는 그릇을 고민한다. 어쩌면 포장지라고 생각할 수 있겠다. 똑같은 선물이라도 어떤 포장지에 담아 전달하는지에 따라서 받는 사람에게 주는 임팩트는 다르다.

이것을 장르라고 한다. 소설, 시, 에세이, 실용서, 소설, 경제경영 등 다양한 장르들이 있다. 문학, 시, 수필, 소설, 인문은 공감받고 위로와 이해를 받는다. 실용서, 경제경영서는 살아갈 처세술을 알려주기에 문제해결력, 삶의 주체성을 높인다. 소설이나 에세이, 실용서는 빠르게 읽어갈 수 있다. 시나 고전, 인문 도서는 조금은 음미하면서 정독할 필요가 있다.

시, 고전, 전문 서적, 인문	정독, 낭독, 강독	느리게 읽기
대부분의 글 읽기	묵독, 청독	중간 속도로 읽기
실용서, 신문, 잡지, 소설, 에세이	속독	빠르게 읽기

한 가지 독서법으로만 읽는 것은 한 가지 재료로 하나의 레시피로만 먹겠다는 것과 같다. 준비된 다양한 장르의 책들을 시간과 속도, 목적에 따라 다양한 독서법을 활용해서 신나게 읽어보자. 빠르게 읽기도 하고 느리게 읽기도 하고, 여러 권을 동시에 읽기도 하고 한 권을 깊고 느리게 읽기도 해보자. 각각의 생각들과 언어들이 융합되고 발전되어 또 다른 가치를 창출해내는 마법을 경험하게 될 것이다.

05

자신만의 독서법을 개발하라

1년 365일, 하루에 3시간 이상 책을 읽으며 노트할 수 있도록 모든 일정표를 거기에 맞춰 짠다.
그렇게 20년을 하고 나니 지금은 계속 이야기를 해도 했던 소리를 반복하지 않을 수 있게 되었다.

– 브라이언 트레이시 –

천재들의 독서법

한글을 창제한 세종대왕은 '백독 백습'으로 유명하다. '백독 백습'은 말 그대로 책 한 권을 백 번 읽고 백 번 베껴 쓰면서 익히는 것이다. 어린 세종은 몸이 쇠약해지고 눈병이 날 정도로 책을 읽었다. 태종은 책을 읽지 못하게 세종의 모든 책을 가지고 가버렸다. 그러나 세종은 병풍 뒤에 남아 있는 책 한 권을 발견하고 그 책을 매일 읽고 또 읽었다.

세종은 그 책을 1,100번이나 읽었다. 세종은 이렇게 자신이 좋아하는 책을 수없이 반복해서 읽었던 것으로 유명하다. 그는 이렇게 다양한 분야의 책을 여러 번 읽으면서 세상을 보는 안목이 높아졌다. 거기서 나오는 창조적 에너지는 백성을 향한 사랑으로 향했다. 그 사랑으로 한글뿐 아니라 다양한 정책을 실행해갔다.

레오나르도 다빈치는 역사상 천재 중의 천재다. 그는 늘 세상에 대한 호기심과 질문에 대한 답을 찾기 위해 많은 시간을 고민하고 사색했다. 그는 다방면에 천재성을 드러낸 인물이다. 스티브 잡스는 레오나르도에 대해 이렇게 말한 적이 있다. "그는 예술과 공학 양쪽에서 모두 아름다움을 발견했으며 그들을 하나로 묶는 능력이 그를 천재로 만들었다." 그는 화가로 알려졌지만 사실은 조각가, 건축가, 과학자, 음악가, 식물학자, 도시계획가로도 뛰어난 자질을 보여주었다.

그는 15세 이후에 피렌체에서 그림 공부를 하면서 다방면의 책을 접할 기회가 있었다. 당시 유럽 최고의 도서관이었던 비스콘티가의 도서관을 알게 되면서 그곳에서 더욱 치열하게 독서해갔다. 그는 고전을 읽으면서 필사하는 것을 즐겼다. 또 독서 후 깊은 사색을 통해서 창의적인 생각을 키워나갔다. 떠오른 아이디어는 바로 기록하였다. 그는 항상 독서 목록을 노트에 정리하고 자신이 읽고 싶은 책에 대해 구상하였다. 독서를 통해 알게 된 새로운 지식을 꼼꼼히 적었고 그를 기반으로 사색하고 관찰한 내용을 그림으로도 기록하였는데, 그것은 7,200쪽이나 된다.

500권의 책을 저술한 다산 정약용은 유배지 강진의 초당에서 복사뼈가 세 번이나 내려앉을 정도로 책을 읽었다. 그가 많은 책을 저술하고 다방면에서 전문가적 재능을 보일 수 있었던 것은 엄청난 양의 독서와 그만의 독서 방식이 있었기 때문이다. 다산은 단순히 읽기만 하지 않았다. 책을 꼼꼼히 읽으며(정독) 비판적으로 읽으며 메모했고(질서), 책의 중요한 부분을 노략질하듯이 베껴가며(초서) 읽었다. 그는 유배라는 녹록지 않은 환경에 있었지만 그것이 그의 독서에 대한 열정과 백성을 향한 사랑을 가로막지 못했다. 그는 18년의 유배 생활 동안에도 열심히 읽고 쓰며 필요한 수많은 책들을 남긴다.

에디슨은 어릴 때 자신이 다니던 학교에서 저능아로 판단 받아 학교에 오지 말라는 편지를 선생님으로부터 받는다. 에디슨이 학교에서 쫓겨나서 어머니는 교사직을 그만두고 직접 에디슨을 교육하면서 이렇게 말했다.

"책을 많이 읽어라. 책 속에는 네가 궁금해하는 모든 문제의 해답이 있단다. 시간이 날 때마다 도서관에 가서 네가 읽고 싶은 책을 마음껏 읽어보거라."

도서관은 에디슨의 선생님이 되어주었고, 그곳에서 자신의 호기심을 해결해간다. 그러나 그에게는 난독증이 있었다. 난독증은 읽는 데 힘이 많이 들어 독해력이 떨어지는 어려움이 있는 증상을 말한다. 지능이 낮거나 집중력 부족으로 글을 못 읽고 이해하지 못하는 것은 아니다. 전문가들은 우리나라 전체 초, 중, 고등학생 중 약 2~4% 정도가 난독증인 것으로 추정하고 있다.

그럼에도 에디슨은 난독증을 뛰어넘을 정도의 열정을 가지고 1,000종이 넘을 정도로 많은 발명을 했다. 그는 열렬한 독서로 자신의 지식욕을 채울 뿐 아니라 왕성한 탐구 정신으로 천재성을 발휘했다. 이렇게 어머니의 사랑과 책은 에디슨의 약점을 극복하게 해주었고, 자신에 대한 자신감을 가지고 세상에 필요한 많은 발명품들을 개발할 수 있었다.

독서법에 정답은 없다

이러한 여러 선조들의 독서법은 우리에게 자극을 준다. 그러나 책 읽기가 두렵고 낯선 이들에게는 어떤 책을 어떻게 읽어야 할지에 대해 여전히 막막함과 두려운 마음이 존재한다. 독서 경험이 적기 때문에 사람들이 추천하는 책을 마음을 잡고 앉아 읽지만 이내 곧 흥미를 느끼지 못한다. 자신의 현재의 필요와 맞지 않을 수 있고, 자신의 독서 수준과 맞지 않을 수 있음에도 '역시 난 독서가 맞지 않아.'라고 지레 결정하고 포기해버린다.

그러나 세상에 다양한 독서법이 존재한다는 것을 안다면 그리고 자신에게 맞는 독서법이 있다는 사실을 인지한다면 좀 더 편안하게 책 읽기에 몰입할 수 있지 않을까.

독서법에 정답은 없다. 어떤 사람은 노트에 꼼꼼히 기록하면서 책을 읽어야 제대로 된 독서라고 말한다. 그러나 어떤 사람은 그것은 너무 시간 낭비이기에 자신은 절대 기록하지 않는다고 한다. 그러면 어떻게 그 많은 것을 기억하고 강의도 할 수 있느냐고 물었더니, 같은 주제를 다양한 책으로 읽으면 핵심적이고 중요한 부분은 계속 반복되기 때문에 기억할 수 있다는 것이다. 이렇게 똑같이 많은 책을 읽고 섭렵하는 사람일지라도 독서하는 방식이 사람마다 다를 수 있다. 다른 사람에게 유용하다고 해서 나에게도 그러하리라는 보장이 없다.

독서를 어떻게 해야 하는가에 대한 고민은 현재까지도 진행형이다. 이것이 유일하다는 독서법은 없다. 자신에게 적합한 방법을 찾아갈 뿐이다. 다른 이들의 독서법을 참조할 수는 있지만, 그대로 해야 한다는 부담감은 이제 떨쳐버려도 좋다. 다른 사람의 독서법에 너무 연연하지 않아도 된다. 반대로 나만의 독서법이 다른 이에게는 통하지 않을 수 있음을 기억하라. 오랜 시간 독서하다 보면 자신에게 최적화된 방식을 터득해갈 수 있다. 또 다른 이들의 독서법을 참고로 삼아 실험해보면서 자신에게 맞는 형태로 변형해서 활용해볼 수 있다.

자신만의 독서법을 찾아서

앞서 여러 독서법의 형태들을 소개해보았지만 모든 방식이 나한테 맞지는 않았다. 처음에 나는 한 권의 책을 리뷰하기 위해서 읽는 데 3~4시간, 문장 발췌만 2시간, 그것을 다시 정리하는 데 1시간이 걸렸다. 한 권의 책을 읽기 위해서 6~7시간을 소비한 것이다. 그러나 어느 날부터 시간이 좀 아깝기 시작했다. 정독과 완독의 부담을 떨쳐버리지 못했던 나는 모든 장르의 책들을 그렇게 똑같이 읽고 기록하고 있었던 것이다.

다양한 독서법을 알게 된 후, 장르마다 다르게 독서법을 적용해도 된다고 생각이 넓혀지니 훨씬 더 유연하고 재미있게 책 속을 유영할 수 있었다. 고기 잡는 법을 한 가지만 아는 사람과 여러 방법을 아는 사람의 재미는 다를 것이다. 고기 잡는 도구가 한 가지만 있는 사람과 여러 도구를 가지고 있는 사람의 결과는 다를 것이다.

소설 중에서도 추리 소설의 경우에는 문장 하나하나를 음미할 필요가 없고 흥미로운 전개를 펼치고 있는 줄거리만 파악하면 된다. 그래서 속독으로 빨리 읽고 특별히 와닿는 문장 몇 개만 기록하고 리뷰한다. 그러나 시대를 통과한 문학 작품의 경우는 문장의 결이 풍성하고 각 등장인물들의 생각과 행동들에 대해 생각할 거리들이 많이 생긴다. 잘 세팅된

고급 요리를 단 10분 만에 해치우는 것만큼 아까운 것은 없을 것이다. 오랜 시간 살아남아 사람들의 손을 거쳐 온 작품일수록 음미할 것들이 많다. 이때는 속독과 정독을 번갈아가면서 읽고, 매료된 어떤 부분은 여러 번 반복해서 읽는다. 그러면 읽을 때마다 감정과 해석들이 달라지기도 한다.

시는 아직 나에게 익숙하지 않지만 가끔씩 와닿는 시를 만나면 필사하면서 천천히 음미하며 읽는다. 실용서는 대부분 어떤 메시지를 전달하기 위해 논지가 분명하다. 문장을 음미할 필요가 없고 다양한 해석이 필요 없다. 그래서 속독과 발췌독으로 빠르게 읽어가면서 핵심 논지만 파악하려고 한다. 좋은 문장 몇 개를 찾아 적은 후 핵심 메시지와 관련된 부분만 요약하고 기록하고 있다.

상담, 심리, 교육서 종류의 책도 많이 읽어온 터에 배경지식이 쌓여서인지 읽는 속도가 빠르다. 인문, 사회 분야는 정독과 속독을 병행한다. 고전은 오랜 시간 검증되어 있는 책이기에 읽을 때마다 새롭고 다르게 읽힐 수 있는 책이다. 여러 질문거리들을 던져주기에 조금 더 시간을 투자해서 정독을 하는 편이다. 하루에 다 읽기 쉽지 않고, 단번에 읽는다고 다 소화할 수도 없다. 일주일 또는 한 달에 걸쳐 매일 조금씩 읽고, 필사도 하면서 천천히 읽는다.

잘 읽는 방법은 성실하게 읽는 방법뿐이 없다. 독서의 속도는 결국 누적된 독서량이다. 다독가들이 책을 많이 읽을 수 있었던 것은 그들이 처음부터 책을 많이 빠르게 읽을 수 있는 능력을 타고났기 때문도 특별히 똑똑하고 지능이 좋아서도 아니다. 그저 꾸준히 읽다 보니 수많은 지식과 지혜가 쌓였고 나름의 요령이 생기면서 독서 속도가 빨라진 것이다.

06

나만의 책 고르는 방법 7가지

독서는 한마디로 산소입니다. 독서를 안 하는 사람은 하느님이 주신
풍부한 산소를 마시지 않고 숨을 안 쉬겠다고 주장하는 것과 같습니다.

– 이현 –

책등 독서법

한 유튜브 채널에서 독서에 대한 자신의 경험을 전하는 이화여대 최재
천 교수를 본 적이 있다. 그는 가끔 서점에 가서 책등만 읽는 독서를 한
다고 한다. 책등에는 제목이 드러나 있다. 제목은 저자나 출판사에서 많
은 고민과 회의를 거쳐서 만들기 때문에 책등의 제목만 읽어도 책의 핵
심 주제를 알 수 있을 뿐 아니라 세상의 트렌드를 읽는 효과가 있다.

나도 도서관에 갈 때마다 책등 독서를 실천한다. 신간 코너에서 그 달
에 들어온 책들을 책등만 쭉 살펴본다. 가볍게 쇼핑하듯 훑어볼 때도 있

지만 때론 멍하니 서서 뚫어지게 볼 때도 있다. 처음에는 읽고 싶은 책을 고르기 위해서였는데 언젠가부터는 세상의 모든 책을 다 읽을 수 없다는 사실을 인정하면서 책등만 읽어도 여러 가지 유익을 얻을 수 있음을 깨달았다.

도서관은 도서관 분류법에 따라서 모든 책들이 분류가 되어 있다. 신간 코너도 100번 대부터 900번 대까지 분류가 되어 있기 때문에 어느 분야의 책이 많이 들어왔는지 어떤 트렌드의 제목들이 눈에 많이 띄는지 구분할 수 있다. 나는 그곳에서 책등만 읽으면서 트렌드를 읽기도 하고 어떤 분야의 책들이 인기가 있는지도 파악한다.

그렇게 분야나 트렌드가 정해지면 관련 번호대로 찾아가면 그 주제만 다시 집중적으로 책등을 읽는다. 책이 나올 때 가장 중요한 것은 제목이다. 제목을 잘못 정해 빛을 보지 못한 책도 많다. 반면에 제목을 바꿔서 날개를 단 책들도 많다. 예를 들어 혜민 스님의 『조금만 더 천천히 가세요』라는 제목은 『멈추면 비로소 보이는 것들』로, 필립 체스터필드의 『인생 교훈』은 『내 아들아 너는 이렇게 살아라』로, 파울로 코엘료의 『꿈을 찾아 떠나는 양치기 소년』은 『연금술사』로 제목을 바꾸어 베스트셀러가 되었다.

책등 독서를 실천해보라. 짧은 시간에 사람들이 좋아할 만한 다양한 주제와 관심사들을 읽고 취향을 넓히는 시간이 될 수 있다.

현재의 필요와 맞닿아 있는 책을 읽어라

앞에서도 이야기했지만 초보 독서가들에게는 현재의 필요와 맞닿아 있는 책이 가장 좋은 책이다. 가장 좋은 책은 자신이 관심 있고 좋아하는 책이다. 읽다가 재미없으면 끝까지 안 읽어도 된다. 우선 좋아해야 습관도 갖게 된다. 추천 목록을 맹신하지 않아도 된다. 추천 목록 중에서도 당신의 필요와 관심에 초점을 두고 선별해보아라. 그렇게 읽으면서 책의 맛을 알고, 재미를 붙이다 보면 독서 습관도 자연스럽게 들고 또 다른 필요와 관심들을 넓혀갈 수 있다.

제목, 띠지, 목차, 서문, 에필로그 참고하기

우리가 한 사람을 만날 때도 무턱대고 세부적으로 들어가 깊은 이야기를 나누지 않는다. 그 사람이 풍기는 전체적인 이미지와 매너 등을 살펴보고, 한두 번 만나면서 그 사람의 취향, 관심사 등을 알아본다. 그러다 보면 그 사람과 계속 만날지 더 친해질지에 대해서 결정을 내리게 된다.

책의 전체적인 분위기와 그 책만의 매력을 알 수 있는 것은 책의 주제나 핵심적인 부분들은 이미 제목, 띠지, 목차, 서문, 에필로그이다. 제목은 독자가 이 책을 선택할지 말지에 결정적인 역할을 하기에 저자나 출판사가 심혈을 기울인다. 띠지는 보통 버려지지만 여기에도 마케팅을 위해서 최고의 노력을 기울여 독자들을 유혹할 만한 광고 카피와 같은 내용을 넣는다. 띠지도 유심히 살펴보아라.

제목 다음으로 노력을 기울여 만든 것이 목차이다. 목차는 책의 설계도와 같기에 책의 전체적인 내용의 흐름들을 파악할 수 있다. 목차 장 제목과 그 아래 소꼭지들을 보면서 내가 흥미를 갖고 읽을 만한 주제들이 많은지 파악한다. 책의 흐름을 가늠할 수 없는 목차는 고르지 않는다.

제목과 목차는 좋은데 내용에서는 실망하는 경우도 많다. 그래서 관심 있는 한 두 꼭지를 읽어보아라. 그 주제에 적합한 내용들로 나의 호기심을 탄탄히 채워주고 있는지 파악한다. 그리고 프롤로그와 에필로그에도 저자의 생각이 담겨 있기에 읽어보면서 이 책을 읽을지 말지를 고민하면서 최종 선택을 한다.

읽지 않을 책 선택하기

우리는 하루의 계획을 세울 때 보통 해야 할 일들을 쭈욱 적어간다. 그러나 시간을 관리하는 방법 중 중요한 한 가지는 하지 않을 일들을 정하는 것이다. 내가 굳이 하지 않아도 되는 일, 지금 하지 않아도 되는 일들을 선택하다 보면 꼭 해야 할 일들을 정할 안목이 생긴다. 하고 싶은 일이나 해야 할 일이 산더미 같아 이도 저도 실천하지 못하는 경우도 많다.

사실 정말 중요하고 긴급한 일은 제한적이다. 우리의 시간과 에너지는 유한하다. 하루에 소화할 수 있는 양에는 한계가 있다. 하지 않을 일을 정함으로 그날에 꼭 해야 할 일들을 결정할 수 있는 것이다.

마찬가지로 읽으라고 손짓하는 책들이 무한하다. 독서 인구보다 출판되는 책들이 더 많은 것 아닌가 하는 웃픈 이야기가 있을 정도이다. 독서 열정이 넘쳐날 때 너무 많은 책들을 구입하거나 도서관에서 무분별하게 가져와 읽었지만 조금은 허무함이 느껴질 때도 있었다.

인스타그램에 북계정을 운영을 하니, 출판사나 저자가 먼저 서평을 요청해 오기도 했고, 서포터즈 활동에 지원해서 여러 출판사에서 책을 무료로 공급받기도 했다. 이는 신간을 빠르게 접할 수 있는 기회가 되어서 좋았지만 나중에는 정작 내가 읽고 싶은 책을 읽을 시간과 에너지가 줄어들었다.

그래서 이제는 그 달의 목적을 정하고 목적 중심으로 읽지 않을 책들을 걸러내기 시작했다. 특히 강의나 책을 쓰려고 할 때는 읽지 않을 책들을 깨끗이 무시하기로 했다. 강의를 할 때는 그 강의 주제와 맞는 책을 집중해서 읽는다든지, 그 주에는 소설만 집중해서 읽는다든지, 한 작가의 책을 집중해서 읽는다든지 목적을 정하면 읽지 않을 책을 정하기가 쉽다.

리뷰 참고하기

아무리 독서 고수라고 하더라도 세상 모든 책들을 읽을 수 없다. 그 많은 책 중에서 내가 읽는 책은 바다의 한 방울 같을 것이다. 독서에 대한 열정이 과했을 때는 그 사실에 잠깐 좌절하기도 했다. 하지만 읽지 않아도 내용을 아는 법이 있었고, 내가 선택할 책을 정하는 데 좀 더 분별력 있는 방법이 있었다.

요즘은 출판사나 신문, 잡지의 책 서평 코너뿐 아니라 개인들도 여러 SNS에서 리뷰를 올리거나 서포터즈 활동들을 많이 한다. 요즘 신간 홍보 마케팅으로 서평단 모집도 많이 한다. 온라인 서점에 올라와 있는 리뷰일 경우는 서평단 활동으로 올라온 리뷰가 많기에 100% 신뢰하기는 그렇다. 나도 서평단 활동을 많이 해보았었는데 책을 무료로 공급받았기 때문에 아주 솔직한 리뷰를 하기는 어려웠다. 참고만 해라. 그래서 나는 순수한 개인 리뷰나 신뢰할 만한 독서 잡지나 서평 전문 주간지의 책 소개란에 적힌 서평들을 주로 참조한다. 전문 작가나 예리한 비판적 사고를 가지고 있는 분들의 서평이기에 책의 핵심을 파악하는 데 유용하며 읽을 도서인지를 분별하는 데 도움이 된다.

또는 독서 모임에서 공통된 책이 아닌 각자가 읽은 책을 읽고 도서를 소개하는 경우도 있는데 이때의 책 소개 및 소감을 들으며 읽는 것을 대신하거나 읽을 책을 선택하기도 한다.

7:3법칙

목적이 있는 책 읽기와 신간 및 베스트셀러 등의 책의 비율을 7:3으로 해라. 목적이 있는 책 읽기는 자신의 전문성을 높여줄 것이다. 반면 독자들과 시대의 흐름, 트렌드를 알기 위해서는 신간, 베스트셀러 등의 책들도 살펴보는 것이 좋다.

나는 처음엔 신간이나 베스트셀러, 스테디셀러를 가리지 않고 읽어갔다. 어느 정도 독서 욕구가 채워지고 다양한 배경지식을 넓히기 위해서 다양한 장르의 책들을 가리지 않고 읽는 다독을 앞에서도 추천했다. 그러나 자기 분야와 상관없이 다독만 했을 때는 나와 타인에게 좀 더 도움이 되는 결과물이 없을 수 있다

그렇다고 목적이 있는 책 읽기만 하면 시대의 흐름에 동떨어질 수 있다. 자기 분야와 관련된 책 읽기만 한다면 융합과 연결이 필요한 요즘 시대에 창의성이 떨어질 것이다. 그래서 나는 7:3 정도의 비율을 정하고 책을 선택해 읽어보라고 추천한다.

평상시 내가 관심이 있고 전문성을 가지고 사람들에게도 도움을 주고 싶은 주제의 책들을 집중적으로 읽어간다. 동시에 시대의 흐름과 트렌드를 읽기 위해서 신간과 베스트셀러, 스테디셀러의 책들을 선택해서 읽는다.

이러한 책은 유보한다

문장이 모호하거나 번역이 어려운 경우, 나는 읽기를 유보한다. "글은 사람이다."라는 말이 있다. 17세기 프랑스의 시인 부알로는 "숙고된 것은 명료하게 표현된다."라고 했다. 문장이 모호한 것은 필자 본인부터가 자신이 말하고자 하는 바를 제대로 생각하지 않았을 경우가 높다. 필자부터 잘 이해하지 못한 내용을 독자가 충분히 이해할 수 있을까.

한번은 내가 좋아하는 작가라 신간이 나와서 읽었다. 그러나 그 책만큼은 잘 읽히지 않았다. 번역의 문제인지 필자의 문체가 그러한지 아니면 아직 필자의 생각이 잘 정리가 되지 않았는지 이해하기가 힘들었다. 좋아하는 작가의 책이라 끝까지 읽기는 했지만 조금 애먹었다. 다 읽고 보니 일부분만 읽어도 핵심 주제는 이해할 수 있을 것 같았다.

물론 고전이나 전문 서적 같은 경우는 시대가 다르고 용어 자체가 익숙하지 않기에 공부하고 인내하면서 읽어야 하는 경우도 있다. 그렇지 않고 잘못된 번역과 문장이 모호한 경우라면 다른 이들의 리뷰나 평가들을 판단하면서 유보하자.

07

깊고 넓게 읽어라

도서관에 가서 모든 책을
읽는 것을 두려워하지 말라.

‐ 드와이트 데이비드 아이젠하워 ‐

크로스오버 인재가 필요하다

요즘 조직에서는 '파이형 인재'와 '크로스오버 인재'를 필요로 한다. 파이형 인재는 인재 육성이나 조직 개발 영역에서 자주 언급되고 있는데, 글자 그대로 '2개 영역의 스페셜리스트로서의 깊은 전문성'이 '제너럴리스트로서의 폭넓은 지식'을 떠받치고 있는 인재를 말한다.

오늘날과 같은 급변하는 세상에서 자기의 전문성만 믿고 자기만의 세계에 갇혀 있는 인재로 구성된 팀은 혁신을 추진할 수 없다. 혁신은 항상 새로운 결합을 통해서 이루어지기 때문이다. 혁신을 위해서는 낯설고 이

질적인 것들을 연결할 수 있는 인재가 필요하다. '크로스오버 인재'는 이렇게 다양한 영역을 넘나드는 사람을 말한다.

『AI 교육 혁명』이라는 책에서는 'T자형' 인재와 'M자형' 인재를 소개한다. 기존에는 한 분야에 깊이 있는 지식을 갖춘 'I자형' 인재를 선호했다. 하지만 IBM에서는 미래의 인재상으로 지식의 폭이 넓고 깊은 'T자형' 인재를 제시했다. T자형에서 가로선은 넓은 영역의 지식을 두루두루 갖춘 제너럴리스트를 의미하고 세로선은 하나의 특정 영역에서 깊은 전문성을 보이는 스페셜리스트를 의미한다. 여기서 더 나아가 미래에는 여러 분야에서 깊이 있는 전문성을 갖추어야 한다는 의미에서 'M자형' 인재가 필요하다는 의견도 주목받고 있다.

왜 이런 인재가 필요한가? 시대가 요청하고 있기 때문이다. 학교에서 배운 지식은 급속히 시대에 뒤떨어지고 있다. 대학 4년 동안 배운 지식과 기술이 졸업 후 사회에서는 시대에 뒤떨어진 것일 수 있다. 그래서 요즘에는 즉시 교육을 강조하고 있다. 바로 배우고 써먹을 수 있는 교육 말이다. 우리가 잘 아는 거대 기업 구글이나 애플은 직원을 뽑을 때 학위를 중시하지 않는다. 그들이 만든 과정을 수료하는 것만으로도 조건이 된다.

현대 사회는 기존 산업 체제의 근본적인 변화를 요청한다. 예를 들어 코로나 이후 많은 국가에서 기후변화에 대응하기 위해 그린 산업을 추진

하고 있다. 이미 유럽 몇몇 나라에서는 재생 에너지를 개발하든지 탄소 배출에 세금을 매기든지 탄소 국경세를 매기면서 다양한 노력을 기울이고 있다. 그런데 그것은 산업의 근본 체제의 변혁을 요구한다.

우리가 잘 알고 있는 기업들은 이미 몇 년 전부터 이에 대응하고 있다. 2014년 이후 애플의 모든 데이터 센터는 100% 재생 에너지로 가동하고 있고, 2018년에는 애플의 모든 사업장에서 사용하는 전력 100%를 재생 에너지로 전환하는 데 성공했다. 또 자사뿐 아니라 협력업체까지 탄소발자국을 줄이기 위해 전방위적으로 노력하고 있다.

구글도 2007년부터 탄소중립을 위한 환경 정책을 수립했고, 2017년부터는 자사에서 사용하는 전력에 대해 재생 에너지 전환을 100% 달성했고, 탄소 절감을 위해 바이오 디젤을 사용하는 출퇴근 셔틀버스를 운용하든지, 직원들이 연비가 좋은 차를 구매하면 구매 자금을 일부 지원하든지 다양한 정책을 실행하고 있다. 그리고, 2030년까지 언제 어디서나 탄소배출이 없는 에너지로 비즈니스를 운영하는 것을 목표로 하고 있다.

그 외에도 마이크로소프트, 아마존, 월마트, 볼보, 스타벅스 등 우리가 익히 들어본 기업들은 수년 전부터 기후위기의 문제의식을 가지고 이미 산업 전반적인 개편을 미리 준비하고 있었다. 이렇게 거대 기업들은 자신들이 얻은 자산과 에너지를 또 다른 혁신적인 것들에 투자하는 것을 아까워하지 않는다.

이 변화에 적응하지 못하면 바로 그 결과로 나타난다. 대표적인 예가 스마트폰 시장에 애플이 뛰어든 사건이다. 애플은 스마트폰인 아이폰이라는 혁신적인 제품으로 휴대전화 시장에 진입했다. 몇 년 후 기존 휴대전화 점유율의 반을 애플이 빼앗아가게 된다. 도시바, 파나소닉 등 여러 기업들이 철수할 수밖에 없었다. 스마트폰이라는 혁신적 제품으로 피처폰이라는 거대한 산업이 단지 몇 년 만에 사라져버린 것이다. 기업과 산업의 수명이 짧아지고 있으며, 잘나가던 기업도 그 전성기가 언제까지 갈지 장담하지 못하게 되었다.

산업 구조의 변화는 자신의 의사와 상관없이 사람들의 커리어와 전문 영역을 변경해야 하는 상황을 만든다. 산업이 이렇게 바뀌어가는 과정 속에서 그 속에 속한 개인들은 다양한 방면의 공부를 바탕으로 한 혁신적인 사고의 전환이 필요하다. 그런데 새로운 공부를 2년에서 4년에 이르는 학위 과정으로 소화하기에는 너무 많은 시간과 에너지가 투자된다. 이 시간들을 혼자 빠르게 독학으로 익혀가는 것이 필요하다. 그래서 독서의 기술은 매우 중요하다. 이러한 상황에 적응하지 못하는 많은 사람들은 도태되고 좌절하면서 자기 신뢰감 또한 뚝 떨어지게 된다.

100세 시대로 은퇴 연령이 연장되었다. 많은 이들이 현역으로 활동하는 기간이 길어졌다. 직장에 의지하지 않고 각 개인은 자신의 커리어를 유지하고 일을 할 수 있는 방법을 강구해야 한다. 우리 부모님도 은퇴 후 건강하신데 일하지 않으신 채로 20~30년을 사셨다. 일은 생존을 넘어서 개인에게 삶의 의미를 가져다주기에 자존감 형성에 매우 중요하다.

충분히 자신이 가진 재능으로 일하실 수 있음에도 일하지 못하는 것은 개인과 사회에 낭비다. 그 긴 기간 동안 새로운 공부로 커리어를 바꿀 수도 있고 어릴 때 부모와 사회를 좇아 어쩔 수 없이 했던 직업이 아닌 정말 자신이 가슴 뛰는 꿈을 좇는 공부와 일을 할 수 있다. 이러한 상황에서 독서를 통한 공부는 너무 중요한 것이다.

깊게 읽고 넓게 읽어라

이러한 시대적 변화는 새로운 인재상을 요청한다. 변화하는 시대, 새로운 인재상에 맞춰 공부해가야 한다. 어떻게 책을 읽어가야 할까? 깊고 넓게 읽어가야 한다.

깊게 읽는 것은 목적이 있는 전문가 독서이다. 한 분야의 책을 20~30권에서 100권까지 읽어가라. 처음 열 권까지는 정독으로 배경지식을 충분히 쌓아라. 그다음부터는 배경지식과 더불어 핵심적인 주제가 반복되기에 빠르게 그 분야의 책들을 소화해갈 수 있을 것이다.

넓게 읽는 것은 다양한 장르의 독서를 할 필요가 있다. 앞에서 나는 7대 3 정도의 비율로 읽을 것을 추천했다. 7대 3도 좋고 5대 5도 좋다. 각자가 정하라. 나도 이 책을 쓰기 위해 자존감과 독서법에 대한 책만 읽은 것이 아니다. 경제경영, 소설 등의 다양한 장르의 책들을 읽어왔기에 이 책을 쓰면서 적용할 수 있었다.

그런데 여기서 멈추면 안 된다. 다양한 분야의 독서를 해가면서 새롭게 깊게 팔 분야를 확장해가야 한다. 깊이를 갖추되 점점 넓어져야 한다. 이렇게 깊고 넓게 읽다 보면 자신의 분야를 새로운 눈으로 볼 수 있게 되며 분야가 조금씩 더 확장되어감을 알 수 있다. 절대 한 분야만 깊이 파거나 목적 없이 다양한 분야만 탐하지 말라. 좁고 깊은 독서에서 깊고 넓은 독서로 나아가야 진정한 실력을 갖출 수 있는 것이다. 이 시대가 원하는 크로스 오버 인재는 깊고 넓게 읽어야 만들어진다.

독서는 무기가 된다

새로운 세상에서 독서는 무기가 된다. 직장인들의 자기계발 선호 1위는 독서다. 하지만 가장 실천하지 못하는 1순위 또한 독서다. 학위 과정은 시간이 너무 오래 걸린다. 나도 새로운 커리어를 쌓기 위해 예전에 대학원을 졸업했지만 또 다른 대학원을 들어갈까 잠깐 고민한 적이 있다. 그러나 늦은 나이에 들어가서 2~3년을 투자하려니 돈보다도 시간과 에너지가 아까웠다. 그리고 누가 규정해주는 공부를 더 이상 하기 싫었다. 철저히 내 주도적인 공부를 하고 싶었다. 그래서 다양한 분야의 독서를 치열하게 했고, 책을 썼다. 독서는 시공간의 제약을 떠나서 가장 빠르고 확실하게 지식을 얻을 수 있는 방법이다. 그리고 철저히 자신의 계획 아래에서 자신의 가슴을 좇는 공부를 할 수 있다.

『책 읽기가 필요하지 않은 인생은 없다』의 저자 김애리는 자신만의 독서대학을 만들어볼 것을 권면한다. 좋은 생각이다. 관심 분야의 주제를 한 가지를 정해서 30~40권 정도의 책을 읽는 것이다. 책값을 평균 13,000원으로 잡았을 때 40권이라면 약 52만 원의 비용이 든다. 학기당 수백만 원에 달하는 대학 학비의 3분의 1도 못 미치는 셈이다.

당신만의 독서 대학을 만들어라. 이 대학에서 학장도 당신이고, 학생도 당신이다. 한 학기도 좋고 1년도 좋다. 매 학기 또는 매년 자신이 만들고 운영하는 독서대학은 성취감을 가져다줄 뿐만 아니라 당신의 인생을 한 단계 높여줄 것이다. 독서 주제를 정하고 몇 권을 읽을지 계획하라.

교양을 넓히고 싶다면 교양 과목으로 지정해 다양한 분야의 책을 계획하고 권수를 정해봐도 좋다. 다 읽었으면 당신만의 학점을 주어라. 읽을 책 한 권과 노트, 자신이 앉을 한쪽의 자리만 있으면 족하다. 매 순간 즐겁고 희열을 느끼게 될 것이다. 독서를 자신의 무기로 만들어라. 이는 새로운 세상을 읽고 적응하고 오랫동안 당신의 커리어를 지킬 수 있는 최고의 방법이다.

08

삶을 바꾸는 독서를 실천하라

그 책에 들어가지 못하면 옛사람의 마음 씀씀이를 알 수 없고,
그 책에서 빠져나오지 못하면 그 글 밑에 깔려 죽는다.

- 진선 -

읽기만 하는 바보에서 벗어나기

독서의 맛을 알고 즐기게 되어 수백 권의 책을 읽어가고 있다면 이제 읽기만 하는 바보에서 벗어나라. 소비하는 독서에서 생산하는 독서로 바뀌어야 한다. 인풋에서만 머물지 마라. 읽기만 하면 분명 슬럼프가 올 것이다. 내 영혼은 충만하고 행복할 수 있지만 고인 물은 썩기 마련이다.

당신 안에 흘러들어온 수많은 생각의 조각들을 엮어서 새로운 지식과 지혜로 재창조해야 한다. 그리고 그것을 다른 이들에게 나누어야 한다.

잔이 넘치면 자연스럽게 흘러가게 된다. 인풋을 많이 했다면 아웃풋을 해야 한다. 인풋이 쌓였던 시기가 오래된 만큼 아웃풋의 속도와 흐름은 더욱 자연스러워질 것이다. 이것이 당신이 독서를 하는 최종 목표가 된다.

『독학은 어떻게 삶의 무기가 되는가』라는 책의 저자 야마구치 슈는 인풋에서 아웃풋 하여 지적 생산까지 갈 수 있는 독학의 기술 네 단계를 소개한다. 즉 전략, 인풋, 추상화 및 구조화, 축적이다. 그는 책을 많이 읽어도 남는 게 없는 게 당연하다고 말한다. 오늘같이 정보가 쏟아지고 변화가 빠른 시대에는 오히려 잊기 위해 독서하라고 권면한다. 이게 무슨 말인가? 배운 지식이 급속이 무용지물이 되기에, 기억하는 것에 시간을 낭비하지 않고 대신 언제든 꺼내 쓸 수 있도록 지식을 축적하라는 말이다. 나름 일리가 있다. 네 단계를 간단히 소개하면 다음과 같다.

첫 번째는 전략이다. 전략은 인풋 전에 짜야 한다. 정보의 홍수 속에 무엇을 하기보다 무엇을 하지 않을지를 결정해야 한다. 즉 전략이란 '무엇을 배울 것인가?'라는 큰 방향성을 결정하는 것이다. 다산 정약용의 초서 독서법에서 책을 읽기 전 먼저 주제를 정하는 것과 같다. 그저 수동적으로 읽기보다는 자신이 관심 있는 테마를 정하고 다양한 장르의 책들을 조합해가는 것이다. 새로운 아이디어는 조합과 융합에서 나온다.

두 번째는 인풋이다. 인풋은 단순히 책뿐 아니라, TV, 라디오, 신문, 잡지 등 매스미디어, 음악, 예술 등이 될 수 있다. 여기서 중요한 것은 자신만의 오감으로 받아들여 자신만의 것을 만드는 것이다. 주의할 점은 자신의 마음에 맞는 인풋을 조심하라는 것이다. 독선과 편견에 빠질 수 있기 때문이다. 오히려 반감과 혐오감을 느끼는 지점에 관심을 기울여라. 이 지점은 자신의 생각을 넓힐 수 있는 기회가 되기 때문이다.

세 번째는 추상화 및 구조화다. 인풋된 것을 나름의 독특한 시사점, 통찰력, 깨달음으로 만들어내는 것이다. 추상화할 수 있을 때에야 다른 상황과 분야에 자유자재로 응용할 수 있는 유연함을 갖추게 된다.

네 번째는 축적이다. 축적의 양이 질로 바뀐다. 질로 바뀐다는 것은 통찰의 속도와 힘이 높아지고 창조성을 발휘할 새로운 조합의 가능성도 커진다는 뜻이다. 축적은 요약, 시사점, 적용 등 다양하게 기록할 수 있다.

한 가지 요리를 만들기 위해서 재료만 있다고 맛있는 요리가 나오지 않는다. 각 재료를 섞고 융합하는 레시피에 따라 그 요리의 맛과 질이 결정된다. 재료뿐 아니라 그릇과 색깔의 조합 등의 요소는 또 다른 요리의 품격을 가져다준다.

마찬가지로 책도 재료이다. 요리 재료 하나하나가 가치를 가지기가 쉽지 않은 것처럼 낱개의 정보가 가치를 가져다주지 않는다. 하지만 같은 분야의 책을 50~100권 이상을 읽으면 낱개의 정보들이 서로 간의 네트워크를 형성하기 시작한다. 연결된 정보들을 어떻게 가공하고 융합하고 적용하는지에 따라 다양한 결과물이 나오며 변화를 만들어갈 수 있는 것이다. 어떤 사람은 서평 쓰기를 취미 생활로만 가지고 있고, 어떤 사람은 그것을 엮어서 책을 낸다. 이젠 또 다른 지식의 창조, 삶에 변화를 주는 책 읽기를 해야 한다.

임계점에 도전하라

임계점이라는 말이 있다. 임계점은 물이 액체에서 기체로 변하는 그 순간의 온도를 말한다. 1도가 부족하여 임계점이 되지 못할 수 있다. 독서에도 임계점이 있다. 독서의 임계점은 어느 정도의 독서를 하고 나서는 내 존재가 변화되고, 삶이 바뀌는 지점을 말한다.

사람마다 권수는 다르다. 어떤 이는 1,000권, 어떤 이는 2,000권이 될 수 있다. 사람마다 처한 환경과 능력에 따라 임계치가 다르기 때문이다. 『본깨적』의 저자 박상배는 본 것, 깨달은 것, 적용한 것의 독서법을 강조한다. 너무 많은 권수는 현대인들은 너무 바쁘기 때문에 현실적으로 불가능하다고 말한다. 그래서 본깨적 방법으로는 300권 읽으면 이 임계점을 넘을 수 있다고 말한다.

나의 경우는 20대부터 3,000여 권의 책을 꾸준히 읽어왔다. 일일이 세며 읽지는 못했지만 우리 집에 있는 책의 권수가 그러하다. 도서관에서 빌리고, 누구에게 준 책까지 하면 더할 수도 있다. 그동안 꾸준히 기록하지는 못했지만 강의를 위해서 그리고 나를 위해서 읽고 싶은 책들을 읽어갔다.

오랜 시간 천천히 읽으면서 변화를 몸소 겪어왔다. 하지만 개인적으로 좀 더 집중할 수 있는 시기에 몰입된 독서와 기록을 통해서 더욱 빠르고 확실한 몸과 마음, 삶의 변화를 느꼈다. 천천히 읽어가는 것도 좋지만, 시간과 기회가 된다면 독서에 몰입해보라고 권면하고 싶다. 꾸준히 몰입해서 읽는 시간과 경험을 쌓아갈 때 더욱 빠르게 자신의 문제가 해결되고, 마음과 존재가 치유되고, 삶의 구체적인 변화를 가져오는 임계점을 만날 수 있다.

독서를 통해서 변화를 만들고 싶다면 자신의 임계치의 한계를 뛰어넘어야 한다. 이를 위해서는 열정과 노력이 수반되어야 한다. 필요시마다 긴급 구조격으로 읽는 것도 도움이 되지만, 좀 더 몰입해서 열정과 노력을 투자한다면 그 변화는 더 빠르고 확실하게 나타날 것이다.

죽은 독서, 살아 있는 독서

독서는 실천으로 완성된다. 책에서 깨우친 것들을 적용하고 실천해갈 때 자존감은 올라간다. 독서의 지향점이 지적 탐닉이나 자기만족에만 있다면 죽은 독서에 가깝다고 할 수 있다. 책만 읽는 사람을 본 적이 있는가. 많은 것을 아는 것 같지만 삶의 실체가 빠져 있기에 허약해 보인다. 삶의 체력이 없는 것이다. 내 삶에 변화를 주지 않는 책 읽기는 100권이든 1,000권이든 소용없다.

『나이 서른에 책 3,000권을 읽어봤더니』의 저자 이상민은 "책은 대안이 아니라 힌트다."라고 말했다. 오로지 책 그 자체가 대안이 될 수 있다면 독서 후 모든 문제가 해결되어야 할 것이다. 저자가 말했듯 책은 대안이 되기보다 많은 힌트를 가져다준다. 그 힌트를 얻기 위해서 책을 본다. 책은 편집된 것이다. 한 작가의 생각과 그의 경험이 담겨 있다고 해도 전부를 담을 수 없는 것이다. 어쩌면 정말 중요한 힌트는 책에 빠져 있을지도 모르겠다. 그러한 것은 개인 코칭이나 강의나 더 깊은 일대일 만남에서 드러날 수도 있다.

책이 건네는 힌트를 가지고 자신의 삶에 적용해보고 자신만의 답을 찾아가는 것은 독자의 몫이다. 우리 각자가 살아가는 인생은 비슷해 보이더라도 사람 수만큼 미묘하게 다르고 다른 색깔을 낸다. 책에서 정리되고 편집된 원리는 힌트가 되어 독자의 삶에 심길 때 사람 수만큼 다른 꽃으로 피어난다. 각 사람이 처한 상황과 경험은 천차만별이며 개인이 그속에서 느끼는 감정과 생각도 모두가 다르기 때문이다.

독서는 간접 경험이다. 책을 읽은 후 우리는 실제 현장에 뛰어들어 몸으로 부딪치면서 공부를 해야 한다. 그 형태는 일독 일행이나 액션플랜을 적어 적용해보아도 좋다. 누군가의 말처럼 "삶은 한 권의 책과 같고 삶을 열심히 사는 것은 한 권의 책을 열심히 집필하는 것"과 같다. 삶으로 이제는 자신만의 책을 써가야 한다.

인생은 결코 계획대로 되지 않는다. 자신의 의도와 상관없이 흘러가기도 하고, 예기치 않게 전혀 다른 방향의 길이 열릴 수도 있다. 책으로 근본 원리를 이해한 후에는 직접 현장을 경험해보면서 정말 그러한지 검증해 보면서 자신만의 방식을 정립해갈 수 있다.

독서를 통해서 나를 단단하게 만들어갈 수 있다. 그러나 여기서 머물면 안 된다. 이전에 낮은 자존감으로 웅크려 있었다면 책을 통해 새롭게 형성된 자아로 더 넓은 세상에 나가 용기 있게 목소리를 내야 한다. 정말 자신이 단단해졌는지 세상에 나와 실험해봐야 한다. 이것이 진짜 살아 있는 독서인 것이다.

5장

당당해지고 싶다면
지금 당장
책을 읽어라

독서는 최고의 자기 사랑법이다

지금의 당신과 5년 후의 당신에게 차이를 만들어주는 것은
그 기간에 당신이 만나는 사람들과 당신이 읽는 책들에 달려 있다.

- 이현 -

행복한 개인주의자로 살아보기

『쌀, 재난, 국가』를 쓴 저자 이철승은 시카고 대학의 종신교수로 재직하며 '불평등'에 대해 오래도록 연구한 학자이다. 그는 이 책에서 동양과 서양의 차이를 빵과 밀의 차이로 본다. 우리나라를 포함한 동아시아 지역은 쌀의 완전성으로 인해 그에 대해 집착했는데, 이는 벼농사 체제를 발달시켜 왔다. 밀은 개인적으로 감당할 수 있었던 반면, 쌀은 많은 물을 필요로 한다. 그래서 쌀농사는 협업을 하지 않으면 생존할 수 없다.

쌀과 밀의 농사 방식은 결국 집단주의와 개인주의의 차이를 가져왔고,

쌀을 재배하는 동아시아 국가들은 협업을 발전시켜올 수밖에 없었다. 코로나 때 동아시아 지역들이 잘 대처해온 것은 서구의 논리로 주장하는 권위주의의 순응 때문에 아니라 이런 협업 자본의 결과라고 저자는 주장한다.

그러나 너무나 밀착된 집단적 문화는 서로를 속속들이 알게 되고, 비교와 질시를 통한 경쟁으로 나아가기도 한다. 이런 협업과 경쟁의 공존은 현대 기업 안에 그대로 들어왔다. 독립적인 서구보다 동아시아 지역의 사람들이 심리적으로 더 불행감을 느낀다는 연구 조사도 있다. 집단 문화는 협업의 장점도 있지만 지나친 위계 질서와 밀착 관계에서 오는 불평등과 개인성이 사라지는 불편함이 있는 것이다. 이는 21세기 초반 한국 사회의 청년, 여성 계층의 다양한 불평등과 사회 문제를 악화시키는 핵심적인 구체제 유산이기에 이를 개혁할 것을 저자는 주장한다.

집단 문화와 위계 질서의 원인을 파악하는 신선한 관점이었다. 집단 문화가 주는 유익이 분명히 있다. 그러나 지나친 집단 체제에로의 의존은 다른 사람과 똑같이 되기를 강요받으며 자기다움이 발휘하지 못하는 결과를 낳는다. 집단은 직장일 수도 있고 또래 관계일 수도 있고 가족일 수도 있다. 집단이 주는 목소리에 눌린다면 눈치를 보며 나만의 목소리를 발휘해가지 못하게 된다. 집단이 주는 안정감에 취해 그에 지나친 의존을 한다면 자신을 잃는 길이 될 수 있다. 조금은 집단에서 벗어나 행복한 개인주의자로 살 필요가 있다.

독서는 '자기다움'을 발견하는 길

왜 독서가 최고의 자기 사랑법이 되는가? 자신을 사랑한다는 것은 무엇일까? 자신의 있는 모습 그대로를 수용할 뿐만 아니라 좋아한다는 것이다. 그러하기 위해서는 남들과 똑같은 것이 아닌 자기만의 것을 찾아야 한다. 남들과의 비교에서 오는 우월감을 즐기는 것이 아니라 우리 모두는 다르며 각자만의 색깔이 있음을 인정할 때 나와 타인을 존중하게 된다. 그렇지 않을 때 우리는 자기에게 집중하기보다 끊임없이 내가 아닌 타인이 되려고 노력한다.

아주 오래전에 홈쇼핑의 광고가 주는 유혹을 극복하지 못하고 5만 원에 네 벌씩 파는 여름옷을 산 적이 있었다. 그중에 하나를 입고 어떤 모임에 참석한 적이 있었는데 상대도 나와 똑같은 옷을 입고 온 것이다. 그때 얼마나 무안하던지. 그 뒤로 홈쇼핑에서 절대 옷을 사지 않는다. 홈쇼핑에서 옷을 샀다는 사실보다 다른 이도 입는 옷을 내가 입고 있다는 것에 묘한 수치감을 느꼈던 것이다.

홍성태 한양대 교수는 그의 책 『배민다움』에서 살아남은 기업들의 공통점을 언급한다. 그것은 '자기다움'을 만들고 지켜나간다는 것이다. 하루에도 우리는 수많은 광고 마케팅을 접한다. 그 속에서 똑같은 삶을 살기를 강요받는다. 자본주의 사회가 만들어놓은 욕구와 광고 마케팅으로 형성된 비슷비슷한 삶이 아니라 정말 자기다움을 발견하고 살아갈 수 있는 힘은 독서에서 온다. 우리는 수많은 책을 읽으면서 다양한 사람과 삶을 만나게 되고, 주어진 대로 꼭 이렇게 살지 않아도 되는구나 하는 깨달음을 얻는다. 나만의 것을 고민하게 되고, 나만의 삶을 창조하고 살고자 하는 것에 책은 힌트가 된다. 우리가 독서하지 않는 이유는 자기를 사랑하지 않아서다. 반대로 자기를 사랑하는 사람은 독서한다.

요즘은 많은 사람들이 SNS상에 부캐로 멀티 페르소나를 가지고 살아간다. 인스타그램 같은 SNS에서는 더욱 분화된다. 한 사람이 다섯 계정까지 운영할 수 있기에 각 계정마다 다른 정체성을 가지고 살아가는 것이다. 이에 대한 의견이 분분할 수 있지만 나는 나쁘지 않다고 본다. 집단과 조직 생활에 맞춰 한 가지 모습으로 살 수밖에 없던 많은 이들이 다양한 자신의 캐릭터를 실험해보는 과정 또한 자기다움을 찾아가는 과정이다.

자신만의 스토리로 온리원을 만들어라

어떻게 독서로 자기다움을 만들어갈 수 있는가? 자기다움은 자신만의 강점을 발견하고 그것에 집중할 때 키워진다. 좋은 대학을 나온다면 자기다움이 만들어질까? 비슷비슷한 교육을 받으면서 비슷한 사람이 되기를 강요받는다면 쉽지 않다. 그러나 그 속에서도 치열하게 읽고 질문하고 쓰고 고민한다면 자신을 발견할 수 있고 자신만의 무기를 개발할 수 있을 것이다.

정선주의 책 『학력 파괴자들』을 보면 세계와 한국의 최고 중 다수가 대학 졸업자가 아니라고 말한다. 애플, 구글, 마이크로소프트, 페이스북, 트위터, 월트디즈니 등 세계적인 기업들의 공통점은 모두 학교를 중퇴한 사람들이 창업해 세계 일류 기업으로 만들었다는 것이다.

한국도 크게 다르지 않다. 인공 지능 알파고와 바둑 대결을 벌인 바둑 천재 이세돌, 국민 예능인 유재석, 만화 『미생』으로 한국 사회에 새로운 바람을 일으킨 만화가 윤태호 등은 대학을 졸업하지 않거나 정규 교육 과정을 밟지 않고도 자기 분야에서 최고가 된 사람들이다. 이들은 창의성과 새로움으로 사람들을 놀라게 한다. 이는 학력이 아니라 실력을 쌓는 것이 더 중요한 시대가 되었음을 보여준다. 이제는 학력이 안전한 미래를 보장하지 않는다. 비슷비슷한 스펙과 학력이 아니라 자신만의 무기를 가져야 한다.

워런 버핏은 하버드대학교 스펙에 대해 다음과 같은 말을 했다.

"하버드대학 졸업장은 입사 후 3일까지만 유효하다."

명문대 대학 졸업장이 이 정도라면 학력과 스펙 쌓기에 더 이상 올인하면 안 된다. 미래 사회는 온라인 교육 플랫폼의 발달로 지식을 얻는 길은 더욱 쉽고 넓어질 것이다.

『세계 미래보고서 2021』에서 저자 박영숙은 대학 학위 무용지물의 미래 시대를 논한다. 그는 "10년 안에 미국 내 절반의 대학이 파산한다."라고 주장한다. 또한 한국의 대학에 대해 이렇게 말했다.

"2030년 한국의 대학은 재정 압박으로 파산 위기에 처할 수 있다. 학령인구감소와 가성비 끝판왕인 무료 온라인으로의 대이동이 일어나면서 대학 학위 무용지물의 시대가 온다. 교수, 교사보다 더 똑똑한 인공지능이 그들의 역할을 대체하면서 그 역할이 바뀌고 있다. 독립심, 자기 주도성, 창의성, 의사소통 능력이 학생들에게 중요하다. 그리고 앞으로는 지식이 뇌-컴퓨터 연결로 이전하기에 '공부의 종말'이 올 수 있고, 공부라는 개념이 소멸하고 학교 졸업장도 의미가 없어진다."

가까운 미래에는 대학교수의 지식보다 날마다 새롭게 업데이트되는 인공지능이 훨씬 더 탁월할 것이다. 학령인구가 감소하고 있고 무료 온라인 대학으로 대이동하고 있는 것이다. 2025년까지 이미 50개교가 문을 닫을 예정이다. 전 세계는 사상 최대의 취업난을 겪으며, 대학 졸업장의 가치가 퇴색하는 반면 공신력 있는 온라인 교육이 뜨고 있다. 가성비 끝판왕 교육 서비스가 등장하고 있는 것이다.

구글은 더 이상 대학이 필요하지 않다고 말한다. 미국의 경제 회복을 지원하기 위해 구글은 대학 학위 유무에 관계없이 고성장 직업 분야에서 새로운 기술과 프로젝트를 개발할 수 있도록 도와주는 온라인 커리어 자격증 프로그램을 시작했다. 예를 들어 구글의 온라인 자격증 프로그램, 마이크로소프트의 글로벌 스킬 이니셔티브 등이 있다.

이렇게 변화하고 재편되는 시기에 교과서식의 암기와 이해 위주의 공부는 더 이상 무용하다. 독서를 통해서 비판적 사고를 키우고, 다양한 정서적 함양을 키워가며 자신만의 실력을 키워가야 한다. 선진국들은 이를 위해 어릴 때부터 독서 교육에 매우 심혈을 기울인다. 공부가 한때 필요한 스펙 쌓기라면 독서는 평생의 스토리 쌓기다. 독서를 통해서 자기만의 스토리를 만들어갈 수 있다. 독서를 할 때 '나는 누구인가? 어떻게 살 것인가? 무엇을 할 때 행복한가? 가치 있는 삶이란 무엇인가?' 등의 여러 질문을 던지며 생각을 하게 된다. 그러면서 자기만의 답을 찾아가게 된다.

이렇게 독서는 자기만의 온리원 실력을 갖추게 한다. 집단 문화와 위계질서가 강한 한국 사회 속에서 책을 읽을 때는 오롯이 자신에게 집중하게 된다. 그 시간을 통해서 집단과 나를 분리하여 나만의 세계를 탐구할 수 있는 공간을 얻는다. 누가 규정 지어준 공부가 아닌 자유로운 독서의 세계를 탐닉해가면서 자기만의 질문을 던지며 답을 얻게 된다. 독서는 집단 속의 나가 아닌 진정한 나를 발견하며 실력도 키우는 최고의 자기 사랑법인 것이다.

02

독서로 당당한 나를 찾아라

인간은 자유를 통해
자신의 운명을 조각할 수 있다.

− 배철현 −

자유를 갈망하다

입시라는 감옥을 벗어나 많은 청소년들이 대학생이 되지만 또 다른 취업이라는 감옥에 갇힌다. 부모를 떠나 새로운 시간과 공간의 자유가 주어지지만 이러저러한 삶을 살아야 한다는 대중적 메시지가 또 다른 굴레를 만든다. 이 굴레 속에서 진정 자유로운 삶은 쉽지 않다.

부모들은 어릴 때부터 자그마한 것이라도 스스로 선택하고 결정하는 능력을 기를 수 있는 기회를 주는 것이 매우 중요하다. 선택의 기회가 거세당한 채 오랜 기간 부모의 과잉보호 밑에서 자란 아이들은 매우 자존감이 낮다. 스스로 주도적으로 결정하고 선택해본 경험이 별로 없기 때문에 자신이 무엇을 잘하고 못하는지에 대한 감각이 별로 없다. 그래서 자기 의심이 많다.

나는 과잉보다는 바쁜 부모님의 무관심으로 격려와 지지가 부족해서인지 그저 안전한 울타리에서만 거주하며 도전하고 실수할 기회가 적었다. 한국 사회의 교육은 모두가 비슷비슷하기 때문에 그 속에서 그리 모험을 할 만한 것이 없었던 것 같다. 그런 나의 상태가 답답하다거나 싫다는 생각을 못 하고 그저 나만의 울타리 안에서 소소한 자유를 만끽하며 지내온 것 같다.

그런데 결혼을 하고 육아를 시작한 후에는 '자유'라는 단어가 나에게 자꾸 어른거렸다. 그만큼 나에게 '자유'가 절실했던 것이다. 부모가 되는 순간 또 다른 생명에 대한 책임감으로 자신의 존재를 내어주며 살아가는 것은 당연하다.

그러나 부모가 아닌 여자라는 이름만으로 주어지는 수많은 요구로 내 존재는 그 무게에 눌려 숨만 쉬고 있었다. 일터에서의 남성 중심적 구조 속에서 나의 생각을 마음껏 풀어놓을 수 없는 상황은 나를 더 쪼그라들게 했다. 그래서 한 번도 사용하지 않았던 '자유'라는 단어는 어느 날부터인가 내게 너무 소중한 단어가 되어 있었다.

자존감에서 중요한 한 축이 자기 조절감이다. 이는 자기가 자신의 삶을 주도하고 있다는 감각이다. 자신의 마음대로 하고 싶은 본능을 의미한다. 이것이 충족돼야 자존감도 높아진다. 명문대학을 나온 사람이 그렇지 않은 사람보다 자존감이 당연히 높을 거라고 여기기 쉽다. 하지만 그렇지 못한 경우를 많이 본다. 서울대 학생들이 의외로 우울증과 자기 비하감을 많이 경험한다. 전교 1등만 모인다는 명문고를 갔지만 자기 통제감을 상실하고 공황장애를 겪었던 경험을 이야기하는 대학생도 있었다.

나 같은 경우는 초기 육아를 할 때 정말 자기 조절감이 제로였다. 엄마라면 한 번씩 경험해보았을 것이다. 내 모든 것이 아기 중심으로 돌아간다. 먹고 싶을 때 먹지 못하고 자고 싶을 때 자지 못하는 고통은 경험해본 사람만이 안다.

자유를 찾아서

존 스튜어트 밀은 『자유론』에서 개인의 '자유(개별성)'를 극히 예찬한다. 150여 년 전에 쓰였지만, 오늘날에도 여전히 고민해야 할 지점들이 많다. 그 당시는 이성에 대한 존중과 민주주의가 실현되는 시기였다. 밀은 당시 사회에 대해 비관적으로 조망하며, 다수의 횡포 속에 개인의 자유가 억압되는 것을 극히 우려한다. 그는 다수의 횡포가 수많은 정치적 탄압보다 훨씬 더 영향을 미칠 수 있다고 말한다.

오늘날은 바야흐로 취향의 시대다. 개인의 개성을 극히 존중한다. 그러나 한편으론 정말 그럴까 하는 의문도 든다. 매우 많은 취향들이 SNS 상에서 선전되고 있다. 하지만 미디어나 소수의 인플루언서들의 활동은 개인의 취향에 영향을 미치고 많은 이들이 그것을 모방하는 것에만 급급한 것은 아닐까 하는 생각이 든다. 또한 다양성이 두드러지는 것 같지만, 그 이면에 자신과 다른 이들에 대한 혐오는 여전하다. 미디어가 무기가 되어 그것이 또 하나의 다수의 횡포가 되는 것은 아닐까. 그 속에서 자신만의 작은 목소리를 내며 환호받기는 쉽지 않다.

우리 시대에 나의 자유와 개별성을 제한하는 다수의 횡포는 무엇일까? 어떻게 하면 개별성이 짓밟히지 않고 자기 자신의 삶을 주도적으로 설계하며 살아갈 수 있을까? 밀은 "개별성을 짓밟는 체제는 그 이름이 무엇이든 최악의 독재 체제다."라고 말한다. 밀은 이렇게도 말했다.

"그저 관습이 시키는 대로 따라 하기만 하는 사람은 아무런 선택도 하지 않은 것이나 다름없다. 무엇이 최선인지 구분하는 또는 가장 좋은 것에 욕망을 느끼는 훈련을 하지 못하는 셈이다. 근육과 마찬가지로 사람의 정신이나 도덕적 힘도 자꾸 써야 커진다. 다른 사람이 믿으니까 자기도 믿는 경우도 그렇지만 그저 어떤 일을 다른 사람이 하니까 따라 한다면 자신의 능력을 발휘할 수 없을 것이다."

우리나라는 학업 성취도 1위의 나라이지만 그와 더불어 행복도는 거의 꼴찌에 가깝다. 각 세대의 우울증과 자살률도 늘 하위권에 머무른다. 왜 그럴까. 여러 사회 구조적인 이유가 있겠지만 아이들은 아이들대로 입시라는 구조적 벽에 갇혀 있고, 젊은이들은 젊은이들대로 취업 장벽에, 어른들도 사회적 책임을 충실히 따르느라 정작 자신답게 당당히 살지 못했기 때문이 아닌가. 여성들은 오랜 기간 남성 중심의 가부장적 문화 속에서 숨죽이며 헌신과 희생이라는 이름으로 자신 안에 있는 잠재력을 개발하며 당당히 살지 못했던 것이 아닌가.

자신의 방식을 찾고 추구하는 과정 자체에 행복이 있다. 그 행복한 삶의 중심에는 자유가 필요하다. 자신을 믿고 스스로 선택하고 결정할 수 있는 자유는 자존감을 높여주며 당당히 살아가는 밑바탕이 된다. 자기 자신의 삶을 스스로 설계하고 선택하는 사람만이 밀의 말대로 자기가 타고난 모든 능력을 사용하게 된다.

그렇다고 개인에게 관습과 다수의 횡포가 배제된 최고의 자유가 주어졌다면 바람직한 사회가 될까? 그 또한 장담할 수는 없다.『자유론』이 쓰인 당시는 1, 2차 세계대전을 겪기 전이고, 인간의 이성에 대해서 최고의 존경을 보냈던 때이다. 그러니 인간에 대해서 낙관적 시선을 보낼 수 있었을 것이다.

밀은 이에 대해서도 미리 인지하고 '방향이 있는 자유'를 강조한다. 자유에 대한 극한 강조는 한계가 없는 자유가 아니다. 그 자유는 일정한 방향 아래에서 향유해야 한다. 그 자유는 '인간의 항구적 이익'에 기반을 두어야 하고, 그 자유로 다른 사람에게 해를 끼쳐서는 안 된다.

그렇다. 그 자유는 아무나 향유할 수 있는 것은 아니다. 정신적으로 성숙한 사람이 온전한 자유를 누릴 수 있다. 어떤 것이 더 가치 있는지를 판단할 수 있는 정신적으로 성숙한 사람, 그리고, 사려 깊음, 절제, 자기 통제의 덕목을 갖춘 사람이 더 올바른 선택을 할 수 있으며 자유를 바르게 사용할 수 있으며, 참된 자유를 누릴 수 있다.

우리 각자가 자신의 잠재력을 발휘하며 당당히 살아가는 삶의 밑바탕에는 자유가 필요하다. 그래서 개인의 취향이 강조되고 있는 오늘날에도 우리는 온전한 자유를 누리고 있는지 한 번쯤 돌아봐야 한다. 사회가 주입한 삶이 아닌 각자만의 고유한 결이 살아 있는 삶을 살아가고 있는 것인지 말이다.

밀이 걱정했던 다수의 횡포로 인한 개인의 억압이 오늘날에도 있지는 않을까. 어떻게 개인의 자유와 사회성이 조화를 이룰 수 있을까. 어떻게 좋은 삶에 대한 안목을 키우고, 자유를 향한 꾸준한 발걸음을 내딛을 수 있을지 고민해야 한다. '당신은 자유한가? 행복하다고 당당히 외칠 수 있는가?' 스스로에게 질문해보라.

자유가 확산되는 곳에서 독서는 중요한 도구가 되었다. 독서는 내 삶을 탐구할 수 있는 질문을 던져준다. 삶이 답답하고 여전히 행복하지 않다고 느낀다면 책을 집어 들어라. 그동안 당신을 얽매였던 부조리한 현실들에 대해 눈을 뜨게 해줄 것이다. 타인에 얽매이지 않고 좀 더 유연하고 융통성 있게 대처할 수 있는 힘을 기르게 될 것이다. 진정 나답게 사는 길은 무엇이며 진짜 내 욕망은 무엇일지 알려줄 것이다. 내 삶을 스스로 선택하고 설계하는 자유를 맛보는 과정을 도와줄 것이다. 독서를 통해서 당신의 당당함을 찾아라.

03

인생에게 휘둘리는 삶을 살지 마라

책은 나를 예전의 나로 돌아가게 하지 않는다.
책은 나를 새롭게 정의한다.

- 재닛 윈터슨 -

감시와 검열의 시대

왜 우리는 이리저리 휘둘리는 삶을 살까. 왜 늘 타인의 시선을 의식하며 눈치를 보게 되는 것일까? 물론 공존하며 살아가는 세상에서 전혀 타인을 의식하지 않는 것은 문제가 될 것이다. 나의 중심을 잡아가는 과정에서 어느 정도의 휘둘림은 필요하다. 그러나 나에 대한 감각이 없이 늘 타인의 기준에 맞추지 못해서 전전긍긍하다면 그것은 문제가 된다. 우리 사회는 개인보다 집단적 성향이 강하고, 소수보다 다수가 주는 무게감에 짓눌리기 쉽다. 이런 사회에서 오랜 기간 순응하며 살아오다 보면 우리는 늘 나답게 살기보다 휘둘리는 삶을 사는 경향이 더 높게 된다.

특히 오늘날은 소셜 미디어라는 매개체를 통해서 우리는 24시간 연결되어 있다. 타인을 감시하는 시선이 더욱 강해졌다. 예전보다 타인의 시선에 더 신경을 쓸 수밖에 없는 상황이다. 자신의 어떤 말과 행동, 모습을 올릴 때 사람들의 반응에 대해서 완전히 자유로운 사람은 없다. 자신의 부캐를 자유롭게 전시하기도 하지만, 남에게 어떻게 보일까 의식하며 자신의 편집된 모습을 노출하기도 한다.

현대인들은 예전 사람들보다 더 많이 피곤해하고 불안해한다. 대학생들과 함께할 때 나보다도 훨씬 젊은데 너무 힘들어하고 피곤해하는 모습들을 많이 보았다. 그래서 요즘 젊은이들이 예전보다 체력이 약한가 하는 생각을 순간 한 적이 있다. 그러나 좀 더 깊이 들여다보니 내가 살아가던 시대적 환경과 지금의 젊은이들이 살아가는 환경이 다른 것이다. 지금의 대학생들은 24시간 SNS에 노출되어 있고, 수많은 정보를 검색하며 시간을 보낸다.

이러한 요소들은 이들의 내면에 끊임없는 불안을 자극하고 그로 인해서 더 피곤할 수밖에 없는 것이었다. 이러한 사회 구조적 요인들에 우리는 끊임없이 휘둘리고, 그것은 당연히 자존감을 낮게 한다.

휘둘리지 않는 삶에 필요한 세 가지

『나에겐 나를 지켜낼 힘이 있다』의 저자 쉬지아훼이는 상처 받고 휘둘리지 않는 단단한 자기다움을 갖기 위해 세 가지 요소가 필요하다고 말한다. 이는 자주성과 자발성과 자존성이다. 자주성은 인생은 세상이 아닌 '나 자신'을 강조하는 '나'를 자유롭게 하는 힘이다. 성실함에 대한 강박, 모든 것을 잘해야 한다는 완벽주의와 그로 인한 시간 낭비, 스펙과 성공에 대한 가짜 열정 등 당신을 좁은 울타리 안에 가뒀던 족쇄를 거둬냄으로써 비로소 자기 주도적인 인생을 걸을 수 있다고 말한다.

자발성은 원하는 나를 만드는 힘이다. 사회적 잣대나 부모, 친지의 기대가 아닌 나의 꿈을 동력 삼아 능동적으로 활동하는 힘이다. 자발성은 자신의 욕구에서 시작되며 그로 인해 상상 이상의 힘을 발휘하게 된다. 누가 시키지 않아도 저절로 하게 되고 에너지를 발산하는 데 거리낌이 없어진다.

자존성은 세상 누구보다 나를 사랑한다는 감각, 즉 나를 지키는 힘을 말한다. 자존성은 어떤 상실이나 좌절을 겪든 자신이 유일무이한 존재임을 알고 자부심을 잃지 않게 한다. 자존성을 갖춘 사람은 자신을 긍정할 줄 알며 스스로 지킬 수 있다. 일어나지 않은 걱정과 불안에 사로잡혀 자신을 괴롭히거나 인생을 낭비하지 않는다. 자존성을 되찾기 위해서는 열등감을 없애고 걱정과 불안으로부터 마음을 지켜내고 인격을 성장시켜가야 한다고 조언한다. 어제보다 당당한 자신이 되어 내일을 바꿔나갈 힘이 이미 당신 안에 존재한다. 자주성과 자발성, 자존성이 바로 그것이다. 이 세 가지는 곧 자기다움의 3요소로, 당신을 '대체 불가능한 단 하나의 존재'이자 '세상의 풍파에 흔들리지 않는 굳건한 존재'로 만들어줄 것이다.

이 세 가지는 독서로 얻을 수 있다. 독서를 통해서 단단한 나의 내면을 만들어가자. 매일 다가오는 새로운 언어들은 나에게 말을 걸어온다. 때론 달콤하게 때론 쓴 약처럼 나의 마음에 영양분을 주며 휘둘리고 상처받을 수밖에 없는 세상에서 중심을 잡을 수 있도록 도와준다. 자신의 자주성, 자발성, 자존성이 확고하지 않으면 타인의 목소리에 의해서 수없이 휘둘린다. 결국 자신에게 주어진 이 땅에서의 소명을 이루지 못하고 시간과 자원을 낭비하게 된다.

독서로 자기다움을 만들어간 여자들

『여자와 책』이라는 책의 부제는 '책에 미친 여자들의 세계사'이다. 저자가 소개한 인물 중 미국의 에세이 작가이자 소설가이며 예술평론가로 유명한 수전 손택은 이렇게 말했다.

"나는 다른 곳에 있기를 원했고 독서는 현실과의 행복하고 고무적인 거리두기가 가능케 했다. 독서와 음악 덕분에 나는 매일같이 내가 처한 현실을 개의치 않는 사람들의 세계에서 살 수 있었다. 마치 다른 행성에서 온 기분이었다. 당시 내가 빠져 있던 순진무구한 만화를 보면서 나는 그렇게 상상했다."

독서를 하다 보면 우리를 흔드는 무수한 현실이 뒤로 물러선다. 그리고 책의 세계가 다가온다. 그 세계는 현재 내가 휘둘리는 삶의 조건들과는 무척 다르다. 그곳에서 자유로이 내가 처한 현실을 개의치 않는 새로운 세계 속에서의 나의 모습을 상상할 수 있다. 그 세계 속에서 현실의 어찌할 수 없는 나가 아니라 되고 싶고 되어야만 하는 나의 모습을 수없이 실험하고 연습한다. 이러한 과정을 무수히 겪어가다 보면 현실에 묻혀 약해졌던 내가 다시금 우뚝 서고, 현실의 세계가 약해지는 것을 경험하게 된다.

영국의 소설가이자 당대의 뛰어난 비평가 가운데 한 사람인 버지니아 울프는 어릴 적부터 신경쇠약과 우울을 앓아 왔다. 1895년 버지니아의 어머니 줄리아 스티븐이 세상을 떠났고 2년 뒤 어머니를 이어 가정 살림을 떠맡았던 이복언니 스텔라마저 세상을 등졌다. 아버지는 깊은 우울증에 빠졌고 딸 바네사와 크게 다툰 뒤 버지니아에게만 의지하다가 1904년 지병으로 세상을 떠났다. 2년 후 오빠 토비 또한 티푸스로 세상을 떠난다. 그녀는 이러한 죽음을 여러 번 목도하면서 유전적으로 가지고 있던 우울증이 발현되었을지 모른다.

이러한 죽음의 환경 속에서 나약해질 때로 약해진 버지니아는 독서에서 구원을 발견했다. 그녀는 "난 시커멓게 될 때까지 책을 읽고 싶어."라고 말했다. 그녀는 시간이 날 때마다 조용히 사라져 읽고 읽었다. 오빠들과 달리 버지니아는 대학에도 다닐 수 없었다. 몇 십 년 뒤에야 여자들을 받아주었기 때문이다. 옥스퍼드는 1920년부터, 케임브리지는 심지어 1948년에야 여학생을 입학시켰다. 버지니아의 젊은 시절 옥스퍼드와 케임브리지는 여성에 대한 적개심을 공공연히 표출하는 것으로 유명했다. 여성운동에서 가장 많이 인용하는 책 중 하나로 꼽히는 『자기만의 방』에서 버지니아는 여성의 고등교육을 막고 '여성'의 역할에만 묶어두려고 하는 사회적인 분위기를 옥스퍼드와 케임브리지 대학의 이름을 섞어 '옥스브리지', '황소의 다리'라고 칭했다.

이러한 시대적 상황이 그녀를 더 높이 날지 못하게 했지만 그녀는 자기만의 방에서 치열하게 읽고 쓰며 새로운 세상을 상상하며 준비한다. 그는 정식 교육을 받지 못했지만 능동적인 독서로 지금까지도 영향을 주고 있는 작가이다.

버지니아 울프는 쉰 살이 넘어서도 일기장에 이렇게 기록하고 있다. "들어가보니 책들을 올려놓은 탁자가 보였다. 나는 책을 하나하나 들여다보고 킁킁거리며 냄새를 맡아보았다. 얼른 가지고 가서 읽고 싶은 마음을 누를 길이 없었다. 이곳에서 행복하게 지낼 수 있을 것 같다. 계속 책만 읽어도 되니까." 또한 친구이자 연인이던 에설 스미스에게 이렇게 적어 보냈다. "때로 나는 이런 생각을 해. 천국, 그곳은 피곤해지지 않고 영원히 책을 읽을 수 있는 곳이 아닐까 하고."

버지니아의 한 에세이에서 다음과 같은 에피소드를 소개한다. 버지니아는 글을 쓰는데 딱 한 번 전능자가 나타나 말씀을 하시더라는 농담을 했다. 그녀의 이야기에 따르면 천국에 갓 도착한 신참내기가 옆구리에 책을 끼고 들어오는 걸 보고는 하나님은 베드로를 돌아보며 이렇게 말한다. "보게, 이들에게는 상이 필요 없겠어. 그들에게는 줄 것이 없네. 그들은 독서를 좋아했으니."

자신의 언어를 찾는 주체적인 일

나는 왜 읽는가? 나는 '착한 아이'로, '착한 여자'로 오랫동안 사회생활에 순응하며 잘 버텨왔다. 그러나 여러 책들을 읽어가면서 사회가 요구하는 것이 아닌 나만의 색깔은 무엇인가를 고민하게 되었다. 읽으면 읽을수록 좀 더 사유하고 싶고, 변화하고 싶다는 열망은 강렬해졌다. 그 존재의 몸부림은 결국 내가 나로 살고 싶다는 내면의 목소리였다.

책을 읽는다는 것은 자기의 언어를 찾아가는 주체적인 일이다. 우리가 부딪치는 삶의 정황 속에서 살아갈 수 있는 말들이 때론 부족하다. 제대로 살기 위해서는 지금과는 다른 언어, 다른 지식, 다른 관점이 필요하다. 산다는 것은 곧 언어를 갖는 것이다. 그 언어를 갖기 위해서는 여러 언어들 사이를 부지런히 다녀야 한다.

자기 언어를 갖지 못한 자는 결국 제도 교육과 세상이 정의하는 언어에 세뇌되고, 휘둘리고, 그 잣대로 비교하면서 불행에 빠지게 된다. 마서 킨더는 "남들이 당신을 설명하도록 내버려두지 마라. 당신이 무엇을 좋아하고 싫어하는지 또 무엇을 할 수 있고 할 수 없는지를 남들이 말하게 하지 마라."라고 한다.

독서를 통해 삶을 잠시 멈추고, 자신을 들여다볼 수 있는 창을 얻게 된다. 내가 원하는 것은 무엇이었는지 진지하게 고민하게 한다. 진짜와 거짓을 가를 수 있는 분별력을 가져다주고, 더 이상 조종당하지 않고 자기만의 언어를 찾을 수 있도록 도와준다. 세상에 휘둘리지 않고, 또렷이 자기만의 삶을 걸어가기 위해서는 책을 읽어야 한다.

04

지금부터 인생을 바꾸고 싶다면 읽어라

앞으로 세상은 책을 읽는 사람과 읽지 않은 사람으로 나뉘는
지금까지 없던 전혀 새로운 계층 사회가 된다.

– 후지하라 가즈히로 –

책은 망치다

『승화』에서 배철연은 이렇게 말했다 "깨달음이란 과거의 색안경으로 구축해놓은 세계관을 과감히 부수는 용기다. 이전까지 쓰던 색안경을 벗어버리고 새로운 색안경을 쓰는 일이다."라고 말이다. 독서는 이런 깨달음을 가져다준다. 새로운 안경을 쓰기 위해서 과거에 구축해놓은 세계관을 과감히 부수어야 하는데 이게 쉽지 않다.

습관은 오랜 시간 내 몸에 구축해놓은 것들로 전혀 힘들이지 않고 하는 행위들이다. 그것이 생각이든 행동이든 말이다. 내 몸에 오랜 시간 새

겨진 익숙한 습관과 생각의 패러다임은 웬만해서는 잘 깨지지 않는다.

그러나 열정적이고 능동적인 독서는 깨달음을 가져다줄 뿐 아니라 과거의 고집스러운 세계관을 부술 수 있다. 한 번의 깨달음은 쉽게 잊히고 예전의 안경을 다시 쓰려는 관성으로 돌아가게 할 수 있기에 매일 조금이라도 독서하는 것이 중요하다. 『책은 망치다』라는 어느 책 제목과 같이 날마다 책망치로 내 안에 구축된 잘못 되거나 미완성된 세계관을 부수는 작업을 해야 한다. 그렇게 꾸준하고 반복된 독서는 부수고 새로운 것을 쌓을 수 있는 터전을 마련한다.

카뮈의 시시포스 신화에는 한 남자가 등장한다. 그는 힘들게 돌을 굴려 정상에 도착하면 다시 아래로 떨어지는 돌을 꼭대기에 올려놓아야 하는 일을 반복하는 영원한 형벌을 받았다. 그 남자는 바위를 산 위로 올리고, 그것이 추락하면 다시 올리는 작업을 연신 반복한다. 어쩌면 헤어 나오지 못하는 감옥처럼 우리의 일상도 이렇게 반복되고 있는 것은 아닌지 돌아볼 필요가 있다. 이러한 반복적인 일상의 저주에서 빠져나오고 싶다면 책을 읽어라. 거기서 새로운 언어, 새로운 생각, 새로운 사람, 새로운 세계를 듬뿍 마셔라.

많은 사람들이 인생을 바꾸고 싶어 한다. 공부를 더 잘해서 좋은 대학에 가고 싶거나, 직장에서 탁월한 사람으로 인정받고 싶거나, 자신의 꿈을 좇아 새로운 일을 구하고 싶어 한다. 그러나 많은 사람들이 고민만 하다가 멈춘다. 또는 방법을 몰라서 못하기도 한다. 알아도 아무것도 하지 않는다. 아니면 시작했지만 꾸준히 하지 못하고 이내 포기한다. 당신은 어디에 해당하는가.

변화를 싫어하거나 안주하는 이유는 자기만족 때문이다. 자신에 대해서 쉽게 만족한다는 것은 가짜 자존감일 수 있다. 건강한 자존감을 가진 사람은 실패를 두려워하지 않고, 끊임없이 도전하고 성취한다. 자신을 가꾸고 발전시켜갈 줄 안다. 그 과정에서의 희열과 성취감을 누린다. 그러나 너무 쉽게 자기만족에 이르는 것은 가면일 수 있다. 자기의 연약함과 부족함을 대면하기 싫어하는 나약함일 수 있다. 자기를 신뢰하는 사람은 자신의 능력을 지금 이 순간에 제한하지 않고 끊임없이 자신을 혁신하려는 용기 있는 도전을 한다.

소크라테스는 자신이 알면 알수록 아무것도 아는 게 없다는 것을 깨달았다고 고백한다. 아인슈타인은 연구를 하면 할수록 알 수 없는 신비로 가득 차 있는 우주 앞에서 우리가 할 수 있는 건 그저 경외뿐이라고 말한다.

독서는 자기의 무지를 깨닫는 길이다. 어떤 이는 책을 많이 읽으면 교만해진다고 한다. 그러나 '책 한 권 읽은 사람이 제일 위험하다'는 말처럼 그것은 책을 제대로 읽지 않았거나 책을 읽지 않는 것에 대한 변명일 수 있다. 책을 진심으로 읽는다면 읽을수록 자신의 무지를 발견할 것이다.

읽을수록 사고의 무한한 경지를 발견하고 나 자신의 부족함을 뼈저리게 느낄 것이다. 그래서 겸허한 마음으로 더욱 읽고 쓰게 된다.

인문 고전 독서는 인생을 바꾼다

특히 인문 고전 독서를 해라. 어떤 책을 읽는지에 따라서 변화의 속도와 깊이는 달라진다. 인문 고전은 짧게는 100년에서 길게는 수천 년의 이상 살아남은 책을 말한다. 수천 년의 지혜가 녹아든 책을 읽는 것과 실용서 몇 권을 읽는 것을 비교할 수는 없을 것이다.

이지성 작가는 『리딩으로 리드하라』에서 인문 고전 독서의 중요성을 강조하고 있다. 그는 당신의 인생을 혁명적으로 바꾸려면 인문 고전 독서를 해야 한다고 주장한다. 인류 역사를 보면 항상 두 개의 계급이 존재했다. 지배하는 계급과 지배받는 계급이다. 전자는 후자에게 많은 것들을 금지했는데 대표적인 것이 인문 고전 독서였다. 미국의 유명 대학이나 사립고등학교에서는 인문 고전을 읽고 토론하고 글을 쓴다. 읽는 책의 수준이 다른 것이다.

그는 내용을 이해하고 못 하고는 크게 중요하지 않으며 천재들의 생각하는 방식과 접촉한다는 자체가 중요하다고 말한다. 인문 고전을 지속적으로 읽을 때 사고의 수준이 달라지고 평범한 생각밖에 할 줄 모르던 두뇌가 천재적인 사고를 하기 시작한다고 그는 강조한다.

레오나르도 다 빈치, 존 스튜어트 밀, 알베르트 아인슈타인 등 많은 사람들이 인문 고전 독서로 개인의 생각 수준과 인생을 변화시켰을 뿐 아니라 가문과 나라를 바꾸기까지 했다. 이에 대한 한 사례를 소개한다.

조나단 에드워즈는 하버드 대학을 졸업한 아버지로부터 인문 고전 독서 교육을 받았다. 그는 이미 유년 시절에 그리스어와 라틴어를 자유롭게 구사할 수 있었다. 덕분에 고작 열두 살에 예일 대학에 입학했고 4년 뒤 수석으로 졸업했다. 또한 그는 스물한 살에 예일대학 교수가 되었고 나중에는 프린스턴 대학의 전신인 뉴저지 대학의 총장이 되었다.

미국 뉴욕시 교육위원회에서 조나단 에드워즈의 가문을 5대에 걸쳐서 조사한 적이 있다. 한 사람의 영적, 지적 수준이 후손에게 어떤 영향을 미치느냐를 조사했는데 그 비교 대상으로 마커스 슐츠를 선정했다. 그는 조나단 에드워즈와 같은 시대 사람이었고 같은 지역에 살았으며 같은 경제력을 가졌고 같은 수의 가족이 있었다. 다만 성경을 삶의 지표로 삼고, 인문 고전 독서에 힘쓰는 전통을 후손에 물려준 에드워즈와 달리 슐츠는 성경과 인문 고전 독서에 무관심한 전통을 물려주었다.

뉴욕시 교육 위원회는 두 가문의 후손을 5대에 걸쳐서 면밀하게 추적했다. 조나단 에드워즈의 후손은 896명이었다. 여기서 1명의 부통령, 4명의 상원의원, 12명의 대학 총장, 65명의 대학교수, 60명의 의사, 100명의 목사, 75명의 군인, 85명의 저술가, 130명의 판검사 및 변호사, 80여 명의 공무원이 나왔다. 마커스 슐츠의 후손은 1,062명이었다. 여기서 전과자가 96명, 알코올 중독자가 58명, 창녀가 65명, 빈민이 286명, 평생 막노동으로 연명한 사람이 460명 나왔다. 미국 정부는 마커스 슐츠의 후손들을 위해서 무려 1억 5,000만 달러의 국고 보조금을 지출했다.

이렇게 독서는 개인뿐만 아니라 가문과 나라에 지대한 영향을 끼친다. 아니 나라와 가문의 운명을 결정짓는다. 특히 수천 년의 지혜가 담겨 있는 인문 고전의 묵직한 책들은 그 책을 읽는 개인의 운명뿐 아니라 사회와 나라와 세계와 인류의 역사를 바꾸는 위대한 일을 하게 된다.

사람들의 인생을 바꾸는 일에 기여한 한 대학도 있다. 이 학교의 졸업 조건은 100권의 인문 고전을 읽고 토론하는 것이다. 바로 유명한 '시카고 플랜'이다. 처음부터 이 학교가 그러하지는 않았다. 시카고 대학은 미국의 대부호였던 존 데이비슨 록펠러가 설립한 대학인데 1890년에 창설된 후 별 볼 일 없는 대학으로 1929년까지 유지되어왔다. 그런데 1929년 기점으로 변하기 시작한다. 그 변화의 중심에는 총장인 로버트 허친스 박사가 있었다. 그는 교양 교육의 일환으로 각 분야의 고전 100권을 읽도록 했다. 그 후 엄청나게 많은 노벨상 수상자가 나오게 된 것이다. 1929년부터 2000년까지만 해도 노벨상 상자가 무려 예순여덟 명에 달한 것이다.

전 세계 0.1% 부자들도 인문 고전을 읽는다. 전설적인 투자가로 알려진 짐 로저스는 대학을 졸업하고 월 스트리트로 들어갔는데 당시 그의 전 재산은 약 1,400만 달러로 불어나 있었다. 그는 조지 소로스와 퀀텀 펀드를 설립했는데 이 펀드를 운용하면서 10년간 4,000%가 넘는 수익을 올렸다. 그는 현재 세계 최고의 거부 중 한 명이다. 그는 젊은 날 옥스퍼드 대학의 로즈 장학생으로 선발되어 발리올 칼리지에서 철학, 정치학, 경제학을 전공했다. 부자가 되는 비결을 묻는 사람들에게 그는 이렇게 말한다. "철학을 공부해서 '생각하는 능력'을 길러라.", "역사를 공부해라." 등 여러 조언을 준다. 그의 조언을 한 문장으로 요약하면 이렇다. '자신만의 철학으로 투자하라.'

독서는 당신의 존재를 단단하게 해줄 뿐 아니라 인생을 바꿔준다. 특별히 과거와 전통을 답습하는 반복적인 생활에서 벗어나 새로운 삶을 꿈꾸고 있다면 다양한 장르의 책들과 더불어 인문 고전 독서를 시작해라. 수천 년의 시간을 통과한 한 문장 한 문장은 당신의 익숙한 생각의 패턴과 고정관념을 부수고 새로운 시선을 가져다줄 것이다. 그렇게 내가 바뀌고 가문과 나라와 세계를 바꾸는 독서를 지금 당장 시작해라.

05

독서로 새로운 이력을 만들어라

책을 읽는다는 것은 많은 경우,
자신의 미래를 만든다는 것과 같은 뜻이다.

– 랄프 왈도 에머슨 –

독서는 최고의 공부법

20세기 대표적인 경영학자인 피터 드러커는 '지식노동자'라는 말을 만들어냈다. 지식노동자라는 개념은 기업의 최고 경영자를 비롯해 자신이 갖고 있는 기술이나 노하우를 체계적으로 정리하여 다른 사람에게 가르쳐줄 수 있는 사람을 총칭한다. 유명한 사람이 아니더라도 한 호텔의 청소부가 어느 날 10년 동안 일한 경험을 정리해서 다른 사람에게 그 노하우를 전달할 수 있다면 그 또한 지식노동자인 것이다.

피터 드러커는 취업과 동시에 대학에 진학했지만 학교는 한 번도 나가지 않고 오로지 도서관에서 책을 읽으면서 공부를 했다. 당시는 강의에 출석하지 않아도 졸업 시험만 치르면 학위를 받을 수 있었기 때문이다. 그래서 그는 일하고 있는 사무실 맞은편에 있는 한 공립 도서관에서 다양한 장르의 책들을 닥치는 대로 읽었다.

훗날 자신의 책『피터 드러커 : 나의 이력서』에서 말하길 "나는 도서관에서 진짜 대학 교육을 받았다고 생각한다."라고 고백한다. 그는 3~4년마다 경제학, 통계학, 일본 미술 등 분야를 가리지 않고 주제를 정해 집중적으로 전문 분야를 공부하는 독서 습관이 있다. 이런 공부 습관은 평생 이어진다. 아흔이 넘은 나이에도 '발자크의 인간희극 시리즈 읽기', '셰익스피어 전집을 천천히 주의 깊게 읽기' 등 목표를 세워가며 책을 읽어갔다.

피터 드러커는 이렇게 새로운 분야를 탐구하기 위해 책을 읽고 자기 것으로 만드는 과정을 평생 해간다. 그러했기에 그는 서른 권이 넘는 책을 내고 셀 수 없을 정도의 많은 글들을 쓸 수 있었다. 또한 신문기자, 컨설턴트, 대학교수 등 여러 직업을 거치면서도 일의 종류를 가리지 않고 인정받을 수 있었다. 그런 "이런 공부는 나에게 상당한 지식을 쌓게 해주었고, 나로 하여금 새로운 주제와 새로운 시각 그리고 새로운 방법에 대해 개방적인 자세를 취할 수 있도록 해주었다."라고 말했다. 더불어 어떤 일에서든 전문가로 인정받고 싶다면 끊임없이 독서를 하며 새로운 주제를 공부해야 한다고 말했다.

독서만큼 쉽고 효율적인 공부가 없다. 책 한 권만 가지고 있다면 장소와 시간에 구애받지 않고 즉시 공부할 수 있다. 일부러 시간을 내서 학원에 갈 필요도 없고, 비싼 돈 주고 강의를 들을 필요도 없다. 시험과 숙제의 부담도 없고 내 상황에 따라 유연하게 조절해갈 수 있다. 처음부터 끝까지 내 주관에 달려 있다. 내가 관심 있고 가슴 뛰는 분야를 정해 집중해서 해가면 된다. 누구 눈치를 볼 필요도 없다. 그저 책을 충실히 읽고 내 것으로 만들기 위해 노력하면 된다.

읽으면 할 일이 생긴다

이제 직업이 '학생'이 되어야 하는 평생 공부 시대다. 나이와 상황이 중요하지 않다. 이른 퇴직을 하든, 경력 단절 여성이든 누구나 독서로 기존의 분야를 깊게 할 수도 있고, 새로운 분야를 정해 진로를 정할 수 있다.

이시형 박사는 『공부하는 독종이 살아남는다』에서 "60세가 되었어도 10년을 독서하면 70세에 할 일이 생긴다."라고 말했다. 실제 그가 여든이 넘는 나이에도 꾸준히 독서하고 책을 쓰고 일하는 것을 보면 놀랍다.

김형석 교수는 『백 년을 살아보니』라는 책을 썼다. 이 책을 썼을 때는 97세였다. 2020년에는 만 100세를 맞이하여 『백세 일기』라는 책을 출판했다. 한 세기를 사셨기에 한국의 파란만장한 역사와도 그 궤를 같이 했다. 그는 일제강점기, 공산 치하, 탈북, 6·25 전쟁, 4·19 등을 겪어냈다. 남으로 와서 교사와 교수 생활을 이어가고, 여섯 남매나 두었다. 은퇴 이후에 지금까지 저술과 사회적 활동을 쉬지 않고 했다. 이 책은 한국사 100여 년의 시간을 지나오면서 저자가 깨달은 존재와 삶에 대한 이야기를 담고 있다. 돈과 소유, 명예가 아닌 진정한 행복에 이르는 길을 책을 통해 건네주고 있다. 그는 말한다.

"인생에서 50에서 80까지는 단절되지 않은 한 기간으로 보아야 한다는 생각이다. 50부터는 80이 되었을 때 나는 적어도 이러한 삶의 조각품을 완성해야 한다는 준비와 계획과 신념과 꾸준한 용기를 갖고, 제2의 마라톤을 달리는 각오로 재출발해야 한다."

노후 준비에 대해 많이들 이야기한다. 경제적 준비만큼 정신적 사회적 준비에 대해서는 많이 이야기하지 않는다. 경제적 준비를 잘해서 은퇴를 한 이후에는 성장을 멈추고 그것으로 남은 생을 사는 그림을 그리기 때문이다. 은퇴 후 경제적 준비뿐 아니라 정신적으로도 어떻게 채우고, 나누고, 향유할지에 대해서 더 많은 이야기들이 오가야 한다. 김형석은 우리 사회는 너무 일찍 성장을 포기하는 젊은 늙은이들이 많다고 한다. 60대가 되어서도 진지하게 공부하며 일하는 사람은 성장을 멈추지 않는다는 것이다.

독서는 최고의 공부법이다. 100세 시대에 우리는 공부를 멈추지 말아야 한다. 독서를 통해서 계속 새로운 이력을 만들어갈 수 있다. 죽는 날까지 기여하는 삶을 살 수 있는 것은 독서를 통해서 가능하다. 나 또한 퇴직을 하고 더욱 몰입된 독서를 통해서 책을 쓰고 새로운 이력을 만들고 있다. 이 책을 쓰고 있는 중에도 다음에는 어떤 책을 써야 하나 궁리하고 있다.

독서는 정년퇴직이 없다

이시형 박사는 젊을 때보다 나이가 들어서 독서하는 것이 더 적합하다고 본다. 이미 여러 가지 경험을 쌓은 중년 이후의 독서는 지식과 경험이 융합되어 분석, 추론, 가공하는 능력이 뛰어나다는 것이다.

- 추론하는 능력은 40세에서 60대 초기에 가장 우수하다.
- 중년이 되어서야 비로소 뇌에 들어오는 직접적인 정보를 가공해 분석할 수 있는 능력이 극대화된다.
- 성격상의 장점을 키우고 단점을 억제하는 능력과 여러 모순되는 아이디어를 평가하고 목표를 발견하는 능력은 50~60대에 최고가 된다.

뇌에는 신경세포들 사이의 신호를 전달해주는 시냅스가 존재한다. 뇌를 사용하면 할수록 시냅스는 만들어지고 연결은 더 견고해진다. 이는 뇌 기능의 향상을 의미한다. 독서를 통해 입력되는 정보들은 뇌의 뉴런과 시냅스의 기능을 더욱 활성화시켜 뇌를 좋게 할 뿐만 아니라 각종 뇌질환에 대한 면역력도 강화해준다. 매일 운동을 하며 신체를 단련하듯 독서를 통해 뇌를 단련시킬 수 있다.

영혼을 맑게 해주는 좋은 책을 읽는 것은 뇌의 긴장을 완화하고 스트레스를 풀어줄 수 있다. 영국 서섹스대학교 데이비드 루이스 팀의 연구 결과에 따르면 독서, 음악 감상, 산책 등 취미 활동을 하고 난 후 체내 스트레스 감소율을 측정한 결과, 독서가 68%, 음악 감상은 61%, 산책은 42%로 나타났다. 여기서 독서 부분을 측정하는 6분 동안 심박수가 낮아졌고 근육 긴장도 풀어졌다. 스트레스 해소법으로 독서가 큰 효과가 있다는 것을 증명하였다.

또한 예일 대학교 연구진의 발표에 의하면 하루 30분 책 읽는 사람은 독서를 전혀 하지 않은 사람보다 사망 확률이 17% 낮아지고 하루 30분 이상 책을 읽는 사람은 사망 확률이 23%나 줄어든다고 한다. 종합해보면 독서를 한 사람은 독서를 하지 않은 사람보다 2년 정도 더 산다는 것이다.

기존에는 뇌가 성장을 다 하면 뉴런 등의 뇌세포가 그대로 안정화된다고 했으나 최근 연구 결과에서는 학습에 따라 뇌 세포는 계속 성장하거나 쇠퇴한다고 보고되고 있다. 뉴런은 어릴 때 굳어버리는 것이 아니라 전 생애에 걸쳐 계속 새롭게 연결되는 잠재력을 가지고 있다는 것이다. 신경세포, 즉 뉴런은 나이와 상관없이 다른 신경세포와 연결이 가능하다. 연결은 새로운 배움이 일어날 때 활발하게 이루어진다. 나이가 들어도 독서를 통해 생각하고 멈추지 않을 때 기존의 지식과 경험에 연결되어 뇌는 계속 성장하며 건강하게 된다.

독서를 통해 뇌는 정년퇴직이 없게 된다. 100세까지 성장하는 뇌를 갖게 한다. 우리가 나이가 들면서 무덤덤해지는 이유는 뇌 속 도파민이 분비되지 않아서이다. 도파민 기능은 사춘기를 지나면서부터 떨어진다. 그래서 나이가 들면 웬만한 자극에 무덤덤해지고 삶이 건조해지는 것이다. 도파민은 새로운 것을 추구할 때 분비된다. 독서는 새로운 세상을 만나는 길이다. 그러니 늙어서도 배움을 멈추지 말라. 100세까지 책 탐험을 멈추지 말라. 독서를 하면 젊은 정신을 가지고 살며, 새로운 취미와 꿈을 만나며 다양한 이력을 추가해갈 수 있게 된다. 이것이 나이 들어서도 더 단단하게 나를 사랑하는 방법이다.

독서는 정년퇴직이 없다. 죽기 직전까지도 할 수 있는 것이 책 읽기다. 독서를 통해서 새로운 분야를 공부하여 전문성을 가지고 책을 쓰고 강사가 될 수도 있다. 책은 경제적 도움을 줄 뿐만 아니라 삶의 의미를 더 깊고 넓게 해준다. 한 권의 책을 읽을 때마다 만나는 새로운 세상은 늙어서도 가슴이 뛰게 한다.

06

책 쓰기로 자신을 퍼스널 브랜딩하라

작가의 재능이란 사람들이 생각하는 것만큼 희귀하지 않다. 오히려 그 재능은 오랫 동안
고독을 견디고 계속 작업을 해 나갈 수 있는 능력에서 부분적으로 드러나기도 한다.

- 리베카 솔닛 -

하마터면 열심히 책만 읽을 뻔했다

20대에 1,000권의 책을 읽었다. 30대에도 1,000권의 책을 읽었다. 40
대에는 1,000권을 넘어 매일 1일 1독 이상을 하며 지금은 매년 300권 이
상의 책을 읽고 있다. 처음에는 목표 권수를 채우는 것이 나름 성취감을
안겨주었지만, 점차 몇 권을 읽는지 중요하지 않게 되었다.

언젠가부터 매일 책을 읽고 SNS에 기록하고 있다. 그랬더니 출판사나
저자가 책을 보내준다. SNS의 생리를 몰랐던 나는 내가 좋아하는 책을
공짜로 읽을 수 있다는 사실에 마냥 기분이 좋았다. 많으면 한 달에 20권

도 받았다. 사실 내가 원하면 더 받을 수도 있었다. 그러나 읽고 싶은 책을 읽지 못한다는 단점이 있어서 지금은 신간과 내가 읽고 싶은 책을 조절하고 있다.

그러던 어느 날부터인가 그저 읽기만 하는 독서가 허무하게 느껴졌다. 왜 나는 남이 쓴 책을 읽기만 해야 하지. 그저 누군가가 만든 책을 소비만 하는 것이 힘겨웠다. 독서 슬럼프가 찾아온 것이다. 나에게 자극을 주는 좀 더 신선한 책을 만나야 할 거 같아 다른 독서 모임을 기웃거리기도 했다. 그러나 내 안에서는 또 다른 욕망이 꿈틀거리고 있었다. 나도 책을 쓰고 싶다는 마음 말이다. 그러나 책 쓰기는 그저 나만 알고 있는 버킷 리스트 중의 하나로만 남겨져 있었다.

언젠가부터 나도 모르게 책 쓰기에 대한 책을 찾아서 읽고 있었다. 『마흔, 당신의 책을 써라』를 쓴 저자 김태광은 "성공해서 책을 쓰는 것이 아니라 책을 써야 성공한다."라고 말했다. 이 문장이 가슴 깊이 박혔다. 성공이라는 단어보다는 완벽하지 않고 나 같은 평범한 사람도 책을 쓸 수 있겠다는 희망을 본 것이다. 작가가 되고 싶은 욕망은 그렇게 조금씩 꿈이 되어갔다.

책 쓰기 할까, 말까

어느 날 새벽에 눈을 떠서 인스타 피드를 쭈욱 훑어보았다. 그날 따라 눈에 띄는 것이 '책 쓰기 과정 모집' 피드였다. 몇 년 전 책 쓰기에 관심이 생겨 그에 관한 책들을 여러 권 읽었다. '아하! 이렇게 책을 쓰는 거구나.' 하는 책 쓰기에 대한 전반적인 과정을 이해할 수는 있었지만 막상 실행하기는 쉽지 않았다. 그저 하루하루 쪽글을 쓰는 것과, 한 가지 주제를 정하고 그에 대해서 A4 100쪽 이상 분량의 글을 쓰는 것은 굉장한 몰입과 에너지, 기술을 요하는 일이었기 때문이다. 그날 올라온 '책 쓰기' 피드가 수시로 생각났지만, 일상의 수많은 일은 책을 쓰지 않아도 되는 핑계들을 갖다 주었다.

'시간이 없잖아.', '책 쓰기는 그냥 지나가는 유행일 뿐이야.', '너까지 뭐하러 책을 쓰니?', '별 볼 일 없는 인생 기록해서 누가 알아주기나 하니?' '일기 한번 제대로 끈기 있게 써보지 않았는데 무슨 글을 써?', '나 같은 이야기를 가진 사람들은 이미 많고, 이미 나올 책은 다 나왔어.' 이런 핑계들이 책을 쓰려는 열망을 잠재웠다.

한편, 수시로 고개를 쳐들고 올라오는 또 다른 생각은 '그래도 책을 써야 하는데….'라는 것이었다. '누구나 배우면 충분히 할 수 있어.', '인생 2막의 새로운 시작 앞에서 책은 가장 큰 명함이 되어줄 거야.', '지금이 가장 책 쓰기 좋을 때야.', '너 혼자 힘들다면 책 쓰는 사람들 틈에 들어가서 함께 해봐.' 이런 생각들이 일어났다.

그날 종일 두 마음을 왔다 갔다 하며 생각의 씨름들을 했지만 이내 중단했고 솟구쳤던 생각을 내려놨다. '그래, 아직 때가 아니야.'

평생직장이 없다는 이야기는 수 년 전부터 미래를 전망하면 나오는 이야기다. 코로나 시대 이후를 살고 있는 우리는 이러한 현실들을 더욱 생생하게 경험하고 있다. 회사가 평생 나를 보장해주지 않기에, 자신을 믿고 1인 기업가의 삶을 살아야 한다는 말이 쏟아지고 있다. 그리고 그것을 위해서는 퍼스널 브랜딩을 해야 한다는 목소리도 높아져간다. 이미 앞서 자리를 구축한 사람들의 활개는 온갖 매체에서 넘쳐나고 있다. 이제 책 쓰기는 퍼스널 브랜딩의 기본 명함이 되고 있다.

『백만장자 메신저』의 저자 브렌든 버처드는 "지식과 경험이 메시지가 된다."라며 "그 경험을 팔아라."라고 말한다. 문장 실력이 좀 부족해도 지식과 경험을 가지고 있다면 누구나 글을 쓰고 책을 낼 수 있는 시대다. 물론 약간의 노력이 필요하다.

이제 청소년도 책을 쓰고, 20대도 60대도 책을 쓰는 시대다. CEO나 전문가라고 하는 교수뿐 아니라 평범한 가정주부, 작은 가게의 사장님, 회사원도 얼마든지 쓸 수 있는 기회가 열려 있다. 글을 쓰고 책을 쓰는 일은 더 이상 소수의 영역이 아닌 것이다. 과거에 소수의 권력가들에만 이루어졌던 독서가 평민들에까지 확장되었던 것처럼, 책 쓰기도 소수에서 누구나 할 수 있는 일로 넓혀졌다. 생존 독서에서 생존 책 쓰기로 가야 한다.

오늘날 책은 널려 있다. 같은 주제의 책이 하루에도 수백 권 쏟아지고 있다. 그럼에도 같은 내용을 소화하는 개개인은 다 다르다. 그 사람의 고유의 경험과 해석으로 그 내용을 어떻게 소화시키느냐에 따라서 결과는 미세하게 달라진다. 누구는 그냥 쓱 지나친 정보와 일상의 경험들이 어떤 이에게는 잘 활용하고 다듬고 체화시켜 의미 있는 작품으로 탄생하는 것이다.

요즘은 책 쓰는 다양한 과정도 마련되어 있어서 진입 장벽이 더 넓어졌다. 나도 결국 혼자 쓰기를 포기하고 몇 년 전에 책을 통해 알게 되었던 〈한책협〉이라는 곳의 문을 두드렸다. 그곳은 책 쓰기와 1인 창업 코칭으로 1,100여 명의 작가들을 배출해내고 있었다. 이곳에서 함께 책을 쓰는 것에 대한 동기 부여뿐 아니라 어떻게 자신의 지식과 경험을 전하며 사람들을 도울 수 있을지에 대해서도 확실한 사명감을 얻을 수 있었다.

다양한 책들을 읽는 것은 나의 취미였다. 어쩌면 이미 독서 습관이 잡힌 나에게는 이는 매우 쉬운 일이다. 그러나 읽은 것을 되새기며 글을 쓰는 것은 또 다른 사고의 고통이 필요한 과정이다. 훈련과 삶의 습관이 필요하다. 책의 다양한 세계를 기웃거리는 데만 머물지 않고 그것들을 엮고 융합하면서 또 다른 메시지를 창조해가는 고된 노동이 필요하다.

책을 읽고 꾸준히 메모 및 발췌를 하고 단상을 기록해온 사람이라면 글을 쓰거나 책을 쓰는 일이 좀 더 쉬울 수 있다. 나는 발췌와 책에 대한 단상들을 꾸준히 기록하면서도 이것이 쓸모가 있을까 하는 생각을 가끔씩 했다. 그런데 막상 책을 쓰려고 하니 모아놓은 발췌와 작은 단상들이 책의 재료가 되었다. SNS에 가끔 끄적거려놓은 일상의 단상들도 요긴했다. '아, 이때를 위함이었구나.' 하는 생각이 들었고, 앞으로 더욱 열심히 읽고 기록해야겠다는 생각을 했다. 그래도 막상 글을 쓰려고 하면 쉽지는 않다. 꾸준히 글을 써온 내공이 있다 하더라도 좀 더 긴 호흡이 필요한 책 쓰기는 정말 쉬운 것은 아닌 듯하다. 철저한 계획과 전략이 필요한 일이다.

책을 쓰면서 지난 20여 년 나를 형성해왔던 삶을 기록하면서 흐릿했던 기억을 다시 붙잡을 수 있을 것 같았다. 쓰면서 그동안의 삶을 성찰하고 반성도 하면서 흘려보낼 수 있을 것 같았다. 또 다른 해석과 창조로 그 이면의 의미를 되짚을 수 있을 것 같았다. 그리고 그것은 영원히 책이라는 공간에 남아 있을 것이다. 기록만이 기억이 된다.

새로운 시작을 하고 싶었다. 무언가 기록하고 정리해야만 다음 문턱을 넘어갈 수 있을 것 같았다. 안 그러면 계속 과거가 나를 붙들고 있을 것 같았다. 과거를 잘 정리한다면 새로운 시작을 할 수 있는 에너지가 더욱 샘솟는다. 다음 꿈을 꿀 수 있는 시작이 될 수 있는 것이다. 100세 시대를 살아야 하는 우리의 삶은 징글징글할 수 있다. 가슴 떨렸던 꿈이 희미해질 수 있다. 그러나 책을 쓰면 살아온 삶을 다시 성찰하게 되고 더욱 깊어지게 된다. 새로운 시작은 그 변화와 깊이를 담아내는 꿈이어야 할 것이다. 그것은 당신만의 진정한 퍼스널 브랜딩이 될 수 있다.

책 쓰기는 나를 위한 선물이 될 것이다. 애써 살아온 나를 보듬고, 위로도 하고, 채찍도 하고, 새롭게 꿈도 꾸면서 달려갈 수 있는 공간이 될 것이다. 책을 쓰면 우선적으로는 스스로 계속 질문을 멈추지 않고 의미를 만들어갈 수 있다. 이보다 자신에게 더 좋은 수련은 없다. 책 쓰기는 최고의 공부법이다.

그러나 일기가 아닌 이상 책을 쓴다는 것은 철저히 독자를 위한 것이기도 하다. 이 작은 책에 담긴 나의 경험과 기록이 누군가에게 작은 위로와 용기의 마중물이 되어서 누군가의 삶에 또 다른 세상을 위한 벽돌을 쌓는 계기가 되었으면 한다. 그렇게 책을 쓰고 작가가 된다는 것은 나를 살릴 뿐 아니라 누군가를 살리는 길이 될 수 있다. 독서의 끝은 책 쓰기가 되어야 한다. 당신도 책 쓰기로 자신을 브랜딩하여 다른 이를 돕는 거룩한 소명에 동참하라.

07

독서는 자존감 공부의 시작이자 끝이다

숭고함이란 당신의 이전보다 나은
인간이 되는 것이다.

- 어니스트 헤밍웨이 -

나는 읽고 살았다

『글쓰기의 최전선』을 쓴 은유는 "삶이 굳고 말이 엉킬 때마다 글을 썼다."라고 했다. 나는 삶이 굳고 엉킬 때마다 책을 읽었다. 막힌 삶을 책으로 뚫으려고 애썼다. 책을 읽으면 교차로처럼 복잡했던 마음의 물결이 잔잔해지고 사고도 말랑해졌다. 책을 읽는다고 문제가 당장 해결되거나 상황이 바뀌는 것은 아니다. 그러나 한 페이지씩 다른 이들의 생각을 읽어가며 내 마음이 멈추는 곳에 한참을 머물다 보면 공감과 위로를 얻을 수 있었다. 그리고 문제 해결의 실마리가 되는 한 줄기 빛을 발견하면서 통찰의 희열도 느낄 수 있었다. 그것만으로도 후련했다. 그렇게 또 다른 책으로 옮겨갔고 새로운 관점에서의 공감과 통찰을 얻어갔다.

아픔과 들키고 싶지 않은 치부를 홀로 직면하는 것은 매우 힘든 일이다. 그러나 책은 나의 벗이 되어주었다. 고통이 견딜 만해질 때까지 지지해주면서 때론 질책하면서 묵묵히 지켜주었다. 혼란스러운 생각과 마음의 자리에 질서를 부여해주었다. 책은 어두웠던 내면의 등불이 되어주었고, 빛이 되어주었다.

오랜 시간 책은 그렇게 내 곁이 되어주었다. 몸은 장성했지만 내면은 여리고 상처 많은 나의 마음과 정신을 젊은 날 든든히 채워주었다. 우리는 부모 됨을 제대로 배우지 못한 채 어느 날 갑자기 부모가 된다. 어린 자가 또 다른 이를 품어야 하는 무거운 책임 속에서 갈피를 잡지 못하고 있었을 때도 책은 나의 정신적 부모가 되어서 나를 인도해주었다. 여성으로서의 정체성에 혼란이 왔을 때도 나와 똑같은 고민 속에 힘겨워하는 이들이 있었음에 동질감과 무한한 연대를 느꼈다. 어떤 이는 읽고 쓰면서 어떤 이는 다음 세대에 대한 깊은 헌신과 희생으로 어떤 이는 뜨거운 용기로 목소리를 발하며 새로운 움직임을 만들어가는 것을 보았다. 그녀들의 모자이크와 같은 다양한 방식의 삶은 나만이 걸어가야 할 길을 고민하게 했다. 그렇게 나의 삶의 자리 자리마다 나는 읽으며 살 수 있었다.

니체는 "춤추는 별을 잉태하려면 반드시 스스로의 내면에 혼돈을 지녀야 한다."라고 말했다. 우리 모두 저마다 별 하나씩 품고 있다. 그러나 그것을 잉태하고 태어나게 해서 나뿐만 아니라 사람들도 춤추게 하는 별이 되려면 우리 내면에 일어나는 혼돈의 길들을 통과해야 한다.

어른도 무수히 흔들린다. 흔들리는 것이 당연하다. 새로운 기술이 쏟아져 나오고 빠른 변화의 속도 속에서 적응해야 살아갈 수 있다. 서로의 방문을 꽁꽁 걸어 잠그고 있어 곁이 되어줘야 하는 이웃과의 연대는 느슨하다. 아이를 키우는 데 한 마을이 필요함에도 외로움과 싸워야 하는 독박 육아는 생존 그 자체다.

정글과 같은 일상 속에서 어른들의 자존감은 그리 안전하지 않다. '이렇게 사는 게 맞나? 어떻게 살아야 할까? 나는 왜 여전히 상처 받고 나약할까? 왜 이리도 불안하고 두려운가?'라는 고민은 중년 이후에도 계속된다. 자신의 마음을 지켜내고 정신을 부여잡지 않고서는 어느새 좌절과 실망의 절벽 앞에 서서 또다시 방황한다. 깊은 자기 의심과 연민에 빠져 밤새 허우적거리며 아침을 맞이하는 일이 반복된다.

우리는 또한 인생의 사계절의 변화 속에서 흔들린다. 수많은 기회 앞에서 다양한 선택을 해가야 하는 젊은 날에는 젊어서 흔들린다. 처음 부모가 되었을 때, 나를 너무 좋아했던 아이가 사춘기가 되어 반항이라는 것을 할 때, 갑작스레 맞이한 이른 퇴직 앞에서, 인생 2막, 3막의 시작을 앞두는 등 굵직한 변화들 앞에서 또다시 흔들린다. 그리고 하루라는 시간 속에서도 우리를 미세하게 건드리는 수많은 사건과 경험들이 존재한다. 다가오는 모든 환경을 우리의 통제 아래 둘 수는 없다. 그러나 그 속에서 흔들리는 내 마음은 다른 사람이 아닌 나만이 지킬 수 있다.

요즘 시대에 단단한 자존감을 가진다는 것은 가장 강력한 무기가 된다. 높은 자존감을 가진 사람은 상처를 받되 상처받지 않기로 선택할 수 있는 힘이 있다. 그는 타인의 시선과 기준에 크게 좌우되지 않고, 다양한 기회와 손짓들 속에서도 흔들리지 않고 자신만의 길을 섬세하게 분별하고 걸어갈 수 있다. 설사 실패하고 잘못된 길에 들어섰다고 해도 다시 아무 일 없다는 듯이 훌훌 털고 일어나 걸어갈 수 있는 회복의 힘이 있다. 눈치 보지 않고 주입된 인생이 아닌 주인 된 인생으로 살아갈 수 있다.

바야흐로 셀프로 자존감을 지켜야 하는 시대다. 행복해지기 위한 온갖 방법과 광고가 난무하지만 진짜 행복은 튼튼한 자존감에서 나온다. 건강한 자존감이야말로 요즘처럼 복잡한 시대를 살아가기 위한 가장 강력한 무기다.

누군가가 내 손을 조금이라도 잡아 일으켜주는 이가 있다면 우린 쉽게 다시 일어설 수 있다. 그런 따뜻한 온기를 가진 사람이 있다면 당신은 행운아다. 당신이 그러한 존재가 되어준다면 그야말로 세상에 큰일을 하고 있는 것이다. 요즘에는 유명하거나 전문가를 만나려면 수십만 원에서 수백만 원의 컨설팅 비용을 지불해야 하기도 한다. 그러나 이 모든 것이 부족하더라도 답은 있다. 아주 쉽고 빠르게, 돈이 없고 시간이 없더라도 누구에게나 공평하게 당신의 문제를 해결해줄 수 있는 혜안을 가진 사람들을 만날 수 있는 방법이 있다.

책이다. 책이 답이다. 서점에 갈 형편이 되지 못한다면 가까운 도서관에 가보라. 당신의 고민을 함께 나눌 지식과 지혜가 두 팔을 벌리고 기다리고 있다. 그리고 우리는 또 우리의 길을 찾아 다시 각자가 걸어가야 할 길을 걸어가면 된다.

독서는 나를 단단하게 하는 자존감 공부의 시작이자 끝이었다. 수많은 책이 나를 관통하면서 지금의 나를 형성했다. 앞으로 만날 또 다른 책들도 이리저리 흔들리는 나를 붙잡아주고 인도하며 길을 제시할 것이다.

오랜 시간 홀로 상처받고 좌절하고 흔들리며 삶의 의미를 좇고 있는 당신이라면 책을 읽는 모임에 함께해도 좋다. 책을 읽는 사람들의 무리 가운데 있는 것만으로도 에너지가 생겨난다. 찾기 힘들다면 나에게 연락을 주어도 좋다. 마음을 나누고 생의 의미를 좇는 거룩한 시간을 함께 갖는다면 그것만큼 내게 영광된 것도 없다.

우리에게 허락된 시간은 소중하다. 우리에겐 각자만의 소명이 있다. 그 소명을 발견한 사람은 시간의 소중함, 생명의 감사함을 매일 느끼며 살아간다. 소명은 시간에 대한 감각을 새롭게 한다. 매일이 신나고 살아 있다는 감각을 느끼며 모든 것에 축복하는 마음이 생긴다. 그래서 소명을 발견하고 그것을 깊고 넓게 만들어가는 것은 너무도 중요하다. 단순히 부와 성공을 넘어 그것은 내가 살아 있다는 것을 충만히 느끼는 것이며 생의 희열을 만끽하는 것이다.

진정 내가 되는 길

미국의 존경받는 교육 지도자이자 사회운동가인 파커 팔머는 『삶이 내게 말을 걸어올 때』에서 이렇게 말했다.

"소명은 의지에서 나오는 것이 아니다. 그것은 듣는 데서 출발한다. 내가 들어야 할 내면의 부름의 목소리다."
"소명이란 성취해야 할 목표가 아니다. 이미 주어져 있는 선물이다."

이 책은 "한밤중에 깨어나 '지금 내 삶이 내가 원하던 것일까?'를 물으며 잠을 설쳐본 사람들에게"라는 문장의 프롤로그로 시작한다. 저자는 한창 일할 나이인 40대 중반에 우울증으로 인생의 바닥을 경험하게 되면서 그 바닥에서 오히려 더욱 깊어지고 넓어졌다고 한다. 그는 삶의 바닥에서 생겨나는 질문에 충실하면서, 단순히 무엇이 되려고 하기보다 진짜

'내가 됨'으로 소명을 다시 한 번 발견하는 기쁨을 누릴 수 있었다고 말한다.

우리 모두 삶이 내게 말을 걸어올 때 그 질문에서 도피하지 않고 답할 필요가 있다. 그 질문에 답하다 보면 자신만의 소명을 발견할 수 있다. 소명은 세상의 필요와 나만의 재능과 열정이 정확히 만나는 지점이다. 그러나 많은 사람들이 이를 무시하고 타인의 말에 휘둘려 수동적인 삶을 살곤 한다. 늦더라도 답해야 한다.

이제는 자신의 감각과 생각으로 자신의 인생을 만들어가야 한다. 100세 시대, 긴 인생이다. 우리의 손길, 발길이 필요한 곳이 너무 많다. 우울해할 시간이 없다. 머뭇거릴 시간이 없다. 자신의 꿈과 성장을 나누어라. 파커 팔머는 "풍요는 우리가 공동체를 이루려는 의식을 가지고 공동으로 저장한 것들을 자축하고 함께 나눌 때 찾아온다."라고 말했다. 나눔은 단단해진 내가 더 단단해지는 자존감의 끝이다.

그러나 소명을 이루어가는 길은 쉽지 않다. 무수한 흔들림과 좌절의 순간을 버티고 지나가야 한다.

『승화』를 쓴 배철현은 이렇게 말했다.

"자신이 지닌 최대의 잠재력을 발휘하는 일에 몰입하지 않는 한 인간은 불행하다. 만일 그가 자기실현의 임무를 찾지 못했다면, 그래서 그저 그런 일을 수년간 지루하게 반복한다면 그는 자기 파괴적이며 언제나 변명을 일삼는 인간으로 전락할 것이다. 자기실현은 자신의 생각을 반드시 행동으로 옮겨 시행착오를 거치며 자신에게 도전적인 일을 지속하는 인내다. 인간은 자신의 삶을 책임지는 철학자가 되어야 한다. 철학자란 자신도 잘 모르는 외국 철학자의 난해한 이론을 소개하고 강연을 하는 사람이 아니라, 자신의 심오한 생각으로 삶을 통해 실험하고 그 성공과 실패를 주위 사람들에게 생생하게 보여주는 사람이다. 철학자는 침묵을 실천하고 행동으로 말하는 사람이다."

남은 생에 내 앞에 어떤 도전과 어려움을 또 마주할지 모르겠다. 주어진 하루하루는 모두 내가 처음 맞이하는 날들이다. 그래서 늘 어렵고 실수할 수 있다. 그러나 언제나 그랬듯 책을 가까이한다면 그것은 나의 가장 가까운 곁이 되어서 작은 소리로 때론 큰 소리로 나를 인도해줄 것이다. 잘못된 선택과 실수로 후회하는 순간조차도 책 속의 다양한 사람은 나의 아군이 되어서 '괜찮다고, 같이 가자고, 조금 쉬어도 좋다고, 이제 일어서라'고 말하면서 힘을 실어줄 것이다. 수많은 답 속에서 허우적거릴 때 책은 나만의 기준을 세우는 도구가 되어줄 것이다. 그렇게 나는 오늘도 책을 읽으며 나만의 답을 찾아서 당당히 걸어갈 것이다.

독서로 자신만의 축을 세워가자

여성학자 정희진은 『정희진처럼 읽기』에서 "독서는 내 몸 전체가 책을 통과하는 것이다."라고 말했다.

그렇다. 책은 지금까지의 내 인생을 관통해 지금의 나를 만들었다. 물론 어떻게 읽는지에 따라서 온 몸을 통과할 수도 있고, 덜 통과할 수도 있다. 그러나 그 모든 책들은 나에게 새로운 눈과 감각을 가져다주었고, 용기 있게 살아갈 몸을 만들어주었다. 세상의 모든 책을 읽을 수는 없지만 선물과 같이 와준 책들은 앞으로도 나를 계속 빚어갈 것이다. 그렇게 나를 관통한 책 속의 언어는 나라는 몸을 통과해서 또 다른 나만의 언어로 재탄생될 것이다. 이렇게 언어를 찾아간다는 것은 자신의 축을 세워가는 것이다.

쓸 수 없을 것만 같았던 한 권의 책이 탄생했다. 책 쓰기는 몇 년 전부터 아무에게도 발설하지 못한 버킷리스트 중의 하나였다. 책을 쓰면서 기억을 더듬으며 지나온 날들을 정리할 수 있었다. 더불어 나만의 길을 걸어가기 위한 새로운 미래를 어렴풋이 그릴 수 있었다. 무엇을 쓸까 고민하다가 결국 책 이야기를 썼다. 지난 25여 년의 독서 경험을 통해서 여린 나를 단단하게 만들어주었던 독서법에 대한 내용을 책에 담았다. 내 인생은 책으로 다시 태어났고, 온통 책과의 인연으로 이루어져 있기 때문이다. 앞으로도 새로운 책들로 가슴 저릿한 순간들을 만끽하고 싶고, 그 책으로 연결된 사람들과의 만남으로 인생을 채워가고 싶다.

함께 책을 읽고 인생을 고민하고 싶다면 연락을 주시길 바란다. 책을 읽고 인생과 세상을 바꾸어가는 길에 함께한다면 큰 보람이 될 것이다. 책에 대한 나의 작은 이야기들이 누군가에게 조금이라도 닿아서 자그마한 희망이 된다면 더 바랄 것이 없다.

이 책이 나오기까지 내 삶 속에 스쳐 지나간 많은 분들에게 감사를 드린다. 어떤 이는 가족으로 묶여 진하게, 어떤 이는 젊은 날 가슴 뜨겁게, 어떤 이는 서로 힘든 시간으로 기억될 만큼 고통스럽게. 어떤 이는 예기치 않게 찾아온 무지개처럼 환하게 다가와주었다. 모두가 소중한 인연이다. 그리고 이 책이 나오도록 도움을 주신 〈한책협〉 대표 김도사님께도 감사를 드린다. 모든 만남은 나를 단단하게 성장시켜주었다. 수십 억 사람들 속에서, 이 세상을 살면서 어떤 식으로든 엮였다는 것 자체가 신이 주신 선물이다. 모든 분에게 감사드린다.

참고도서

『멘탈의 연금술』, 보도 섀퍼, 토네이도, 2020.

『승화』, 배철현, 21세기 북스, 2020.

『여자와 책』, 슈테판 볼만, 알에이치코리아, 2015.

『너무 신경 썼더니 지친다』, 다케다 유키, 미래지향, 2020.

『페미니즘과 기독교의 맥락들』, 백소영, 뉴스 앤 조이, 2018.

『여성의 천재성』, 제니스 캐플런, 위너스북, 2021.

『우리의 불행은 당연하지 않습니다』, 김누리, 해냄, 2020.

『자존감의 여섯 기둥』, 나다니엘 브랜든, 교양인, 2015.

『어른의 교양』, 천영준, 21세기 북스, 2021.

『학교의 당연함을 버리다』, 구도 유이치, 미래지향, 2020.

『요즘 것들의 사생활, 결혼생활 탐구』, 이혜민, 구백킬로미터, 2018.

『프로페셔널 스튜던트』, 김용섭, 퍼블리 온, 2021.

『영 포티, X세대가 돌아온다』, 이선미, 앤의 서재, 2021.

『무엇이 여자를 분노하게 만드는가』, 해리엇 러너, 부키, 2018.

『왜 책을 읽는가』, 샤를 단치, 이루, 2013.

『쓰고 싸우고 살아남다』, 장영은, 민음사, 2020.

『도서관 여행하는 법』, 임윤희, 유유, 2019.

『아주 작은 습관의 힘』, 제임스 클리어, 비즈니스북스, 2019.

『착한 여자가 더 상처받는다』, 라이이징, 미래지향, 2021.

『이기는 독서』, 김도인, 바른북스, 2018.

『가족치유, 마음치유』, 팀 슬레지, 요단, 1996.

『관계의 가면』, 러셀 윌링엄, IVP, 2006.

『페미니스트 라이프스타일』, 김현미, 반비, 2021.

『1년 후 내가 이 세상에 없다면』, 시미즈 켄, 한빛비즈, 2021.

『마지막 몰입』, 짐 퀵, 비즈니스북스, 2021.

『정리하는 뇌』, 대니얼 J. 레비틴, 와이즈베리, 2015.

『세계미래보고서 2021』, 박영숙 외, 비즈니스북스, 2021.

『자유론』, 존 스튜어트 밀, 책세상, 2018.

『나에겐 나를 지켜낼 힘이 있다』, 쉬지아훼이, 예문, 2016.

『자기만의 방』, 버지니아 울프, 민음사, 2006.

『피터 드러커 나의 이력서』, 피터 드러커, 청림, 2006.

『공부하는 독종이 살아남는다』, 이시형, 중앙북스, 2010.

『백 년을 살아보니』, 김형석, 덴스토리, 2016.

『마흔, 당신의 책을 써라』, 김태광, 글로세움, 2012.

『백만장자 메신저』, 브렌든 버처드, 리더스북, 2018.

『글쓰기의 최전선』, 은유, 메멘토, 2015.

『삶이 내게 말을 걸어올 때』, 파커 J. 파머, 한문화, 2019.

『읽는 직업』, 이은혜, 마음산책, 2020.

『정희진처럼 읽기』, 정희진, 교양인, 2014.

『질문하는 독서의 힘』, 김민영 외, 북바이북, 2020.

『기록의 쓸모』, 이승희, 북스톤, 2020.

『산다는 게 지긋지긋할 때가 있다』, 최인호, 마인드 큐브, 2020.

『세상에 읽지 못할 책은 없다』, 사이토 다카시, 21세기북스, 2016.

『독서력』, 사이토 다카시, 웅진 지식하우스, 2015.

『하루 한 권 독서법』, 나애정, 미다스북스, 2018.

『오감 독서』, 권수택, 인간사랑, 2020.

『책 읽기가 필요하지 않은 인생은 없다』, 김애리, 비즈니스북스, 2021.

『독학은 어떻게 삶의 무기가 되는가』, 야마구치 슈, 메디치미디어, 2019.

『본깨적』, 박상배, 위즈덤하우스, 2013.

『나이 서른에 책 3000권을 읽어봤더니』, 이상민, 대림북스, 2015.

『책이 답이다』, 동종성, 타래, 2017.

『다산의 독서 전략』, 권영식, 글라이더, 2016.

『책 쓰는 책』, 김경윤, 오도스, 2020.

『초서 독서법』, 김병완, 청림, 2019.

『책, 열 권을 동시에 읽어라』, 나루케 마코토, 뜨인돌, 2009.

『리딩으로 리드하라』, 이지성, 차이 정원, 2016.

『학력 파괴자들』, 정선주, 프롬북스, 2015.

『다산 어록 청상』, 정민, 푸르메, 2007.

『나는 왜 생각이 많을까』, 홋타 슈고, 서사원, 2021.

『1천 권 독서법』, 전안나, 다산4.0, 2017.

『은둔의 즐거움』, 신기율, 웅진 지식하우스, 2021.

『파리의 심리학 카페』, 모드 르안, 갤리온, 2014.

『진작 이렇게 책을 읽었더라면』, 장경철, 생각지도, 2020.

『AI 교육 혁명』, 이주호 외, 시원북스, 2021.